まちごとチャイナ
広東省015

深圳郊外と南山
「香港以前」をたどる旅
［モノクロノートブック版］

JN118523

宋元から明清時代にかけて、深圳、そして香港全域を管轄する宝安県の都は、南頭古城（現在の南山区）におかれていた。時代によっては、莞香（香料）からその名のとられた東莞（莞城）に行政府があったこと、香港という名称が莞香の積出港に由来することからも、深圳、東莞、香港は、歴史的に同一の文化圏を形成していた。

深圳郊外には宋（960～1279年）代から段階的に漢族が南遷して定住し、清初の遷界令（1661～83年）で荒野となった宝安県に客家が移住したという経緯から、深圳西郊外では広東人が、深圳東郊外では客家人が暮らすようになった（深圳という地名は、客家語で「深い溝」を意味する）。こうしたなか清末のアヘン戦争（1840～42年）の結果、宝安県から香港がイギリスに割譲され、深圳と香港のあいだに国境が走って、「香港に隣接する地」深圳という性格が確立された。

1949年の中華人民共和国成立以後、深圳には豊かな香港へ亡命を試みる人や、イギリス領香港との国境地帯を巡回する人民解放軍の姿があった。こうして辺境の地に過ぎなかった深圳も、改革開放の流れを受けた1979年の経済特区の設置による急速な発展、1997年の香港の中国への返還もあって、大きくさま変わりした。羅湖とともに黎明期から開発されていた「蛇口」、IT企業の集まる「后海」、福田中心との双城市中心（ふたつの核）が期待される「前海中心」、深圳と中国全土を結ぶ高速鉄路の走る「深圳北駅」、かつて客家の暮らした農村地帯だった「龍崗」もめざましい成長をとげている。

Asia City Guide Production
Guangdong 015

Shenzhenjiaoqu

深圳郊区／shēn zhèn jiāo qū／シェンチェンジィアオチュウ
深圳郊區／sam¹ jan² gaau¹ keui¹／サアムザァンガアウコォイ

中国改革開放

| まちごとチャイナ | 広東省 015

深圳郊外と南山

「香港以前」をたどる旅

「アジア城市（まち）案内」制作委員会
まちごとパブリッシング

Contents

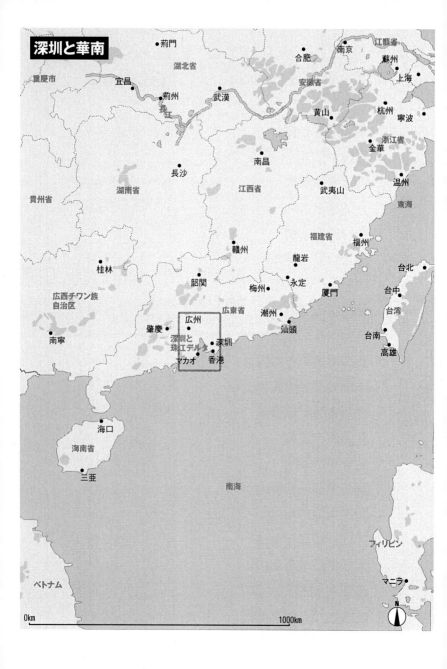

深圳と華南

荊門
湖北省
重慶市
宜昌
荊州
武漢
合肥
南京
江蘇省
蘇州
上海
安徽省
黄山
杭州
寧波
浙江省
金華
南昌
長沙
湖南省
江西省
温州
貴州省
武夷山
東海
福建省
桂林
贛州
龍岩
福州
台北
広西チワン族
自治区
韶関
梅州
永定
厦門
台中
台湾
広東省
潮州
台南
肇慶
広州
深圳と
珠江デルタ
深圳
汕頭
高雄
南寧
マカオ
香港
海口
海南省
三亜
南海
フィリピン
ベトナム
マニラ
0km
1000km
N

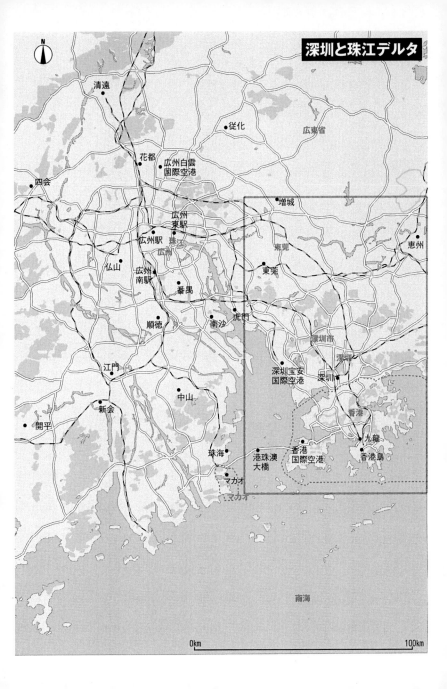

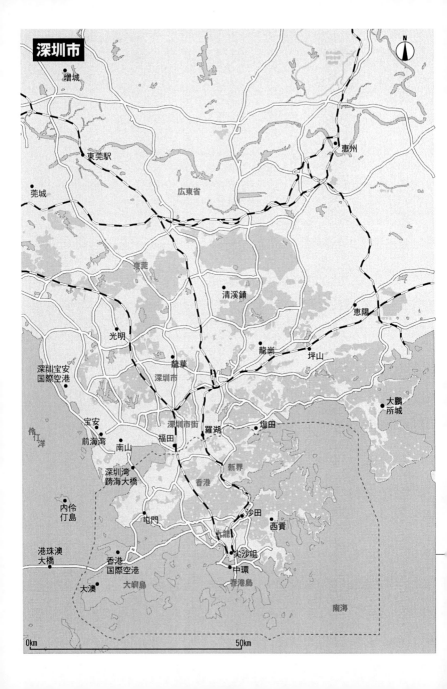

南山から南山に回帰する

**深圳の歴史は南頭古城からはじまった
蛇口や羅湖、福田の開発が進むなかで
かつての宝安県の魅力が再発見されていった**

南山から東へ、そして西へ

　都市深圳は、東晋の331年に南山区におかれた南頭古城（東官）にはじまり、現在の南頭古城は明代の1394年創建の東莞守御千戸所（所城）を前身とする。この南頭古城には明清時代を通じて、深圳、香港をふくむ宝安県を管轄する行政府があり、塩の管理や珠江口に出没する倭寇対策の城塞という性格だった。1911年に香港と広州を結ぶ九広鉄路が開通すると、その線路は深圳墟（羅湖）のそばを通ったことから、1953年、宝安県政府（1914〜1978年）も西の南頭古城から、東の深圳鎮蔡屋圍に遷った。1979年に深圳の開発がはじまると、香港に隣接する羅湖と南山蛇口がまずその舞台となり、西の蛇口が「商品を製造して海路で輸出する工業区」だったのに対し、東の羅湖は「行政区（中央商務区CBD）」の役割を果たしていた。深圳は急速に発展したため、羅湖はすぐに手ぜまになり、やがて西となりの福田へ舞台は遷った。それにともなって深圳の開発も、かつての中心であった南頭古城を目指して西へ西へと進んでいった。それを物語るのが深圳市街を東西に走る深南大道で、「深圳（羅湖）」と「南頭古城」の頭文字から名前がとられている。2007年、深圳湾を越えて香港新界と南山区蛇口を結ぶ深圳湾跨海大橋が開通し、同時に南山高新科技園が開園すると、2010年代にはIT企業が深

圳西部の南山に集まるようになった。それは南頭古城から
はじまった深圳開発の波が、西(南山)から東(羅湖)に遷り、そ
して羅湖(東)から福田(中央)、そして南山(西)へと戻ってきた
ことを意味し、少しでも空いた土地を見つけて飲み込んで
いく波のように深圳の開発は進んだ。

南遷して生まれた

　中国文明は黄河中流域(中原)で生まれたが、たび重なる
北方騎馬民族の侵入を受けて、一部の漢族は、4世紀(東晋)
以降、南へ、南へと移動を続けた。嶺南を越えた広東省の漢
族は、南遷の時期やルート、地元民族との融合度で、広府人
(広東人)、客家人、潮汕人の三大系統にわけられる。広府人は
唐宋時代に広東省北部に移住し、宋元時代に珠江デルタに
遷った。客家人は唐宋時代までに江西省、福建省、広東省の
三省境界地区に遷り、そのうちの一部が清代に深圳へ移住
してきた。潮汕人は東海にそって福建省から移住してきて、
広東東部を拠点とした。こうした漢族の南遷のなかで、「南
方の最果ての地」深圳郊外では、南宋(1127～1279年)時代か
ら、漢族の集落が現れるようになった。モンゴル軍に追わ
れた南宋皇室は1279年の崖山の戦いで滅亡し、深圳には南
宋最後の皇帝趙昺(1271～79年)の眠る宋少帝陵や、文天祥の
一族ゆかりの村が残っている。また明(1368～1644年)代に中
国東南部を荒らす倭寇対策の防御拠点として西の南頭古城
と、東の大鵬所城がおかれ、海岸部の人口を内陸に強制移住
させて倭寇との関わりをたつ遷界令(1661～83年)のあと、荒
野となっていた深圳に客家人が移住してきた。こうして清
(1616～1912年)代以降、深圳西郊外には広東語を話す広府人
(広東人)、山間の深圳東郊外には客家人が多く暮らすように
なった。1979年にはじまる深圳開発以前からあった広府人
や客家人の集落は、市街地の拡大とともに城中村となり、深
圳東郊外の龍崗区や坪山区には鶴湖新居、茂盛世居、龍田世

居、大万世居といった、周囲に壁をめぐらせた昔ながらの客家の集落が残っている。

口岸、分割と結合

　税関のおかれた国境や境界の検問所を「口岸」と呼び、深圳は陸、海、空の口岸を擁している（「口岸」とは中国語で港のこと）。羅湖口岸、福田口岸といった香港と陸続きとなっている口岸のほかに、深圳と世界を結ぶ宝安国際空港の「深圳空港(機場)口岸」、深圳湾跨海大橋(海)を通じた「深圳湾口岸」、入域の制限された中英街をそばに抱える「沙頭角口岸」といった特徴をもつ口岸が、深圳郊外に位置する。アヘン戦争(1840〜42年)で香港を獲得したイギリスと、中国広東省とのあいだの口岸は、1887年におかれた九龍海関にはじまり、検問や税務が行なわれていた。やがて1898年、香港新界の99年間の租借が決まると、広東省宝安県(深圳)とイギリス領香港新界との国境が確定された(その後、1911年に九広鉄路が開通すると、羅湖に口岸がおかれた)。そして、1949年以後は、国境をはさんで中国人民解放軍とイギリス軍が相対する光景、広東省深圳からより豊かなイギリス領香港へ亡命(密入国)をはかる人の姿もあった。こうしたなかの1978年、沙頭角、羅湖、皇崗、福田など、繁栄する香港との国境沿いの荒れ果てた農村地帯に経済特区をつくり、香港(西側)の資本や技術を流入させる改革開放と深圳の歩みがはじまった。それまで鉄道の走っていた「羅湖口岸」や、物資の往来していた「沙頭角口岸(中英街)」に加え、1989年に開通した福田の「皇崗口岸」は24時間体制で、香港と深圳の一体化が進んだ。そして1898年から99年後、香港返還の1997年7月1日、人民解放軍は深圳の「皇崗口岸」と「沙頭角口岸」「文錦渡口岸」から香港へと軍を進めた。2007年、かつて密入国者が泳いで香港へ渡ったともいう深圳湾に、深圳湾跨海大橋がかかり、「深圳湾口岸」を通じて深圳西部の南山、蛇口と香港新界が陸路で結ばれた。

伝統的な南頭古城、ここは深圳発祥の地

大鵬湾、長い海岸線が続く

蛇口の海上世界、招商局によって開発された

各地から集まってきた移民によって街はつくられた

こうして19世紀のアヘン戦争以来、深圳と香港に分割された宝安県は、ふたたび一体化していくことになった。

伶仃洋を舞台に

　華南最大の河川である珠江は、西江、北江、東江という支流をあわせて総称され、南海にそそぐ珠江口の東岸部に深圳は位置する。珠江の本流はラッパ型の河口湾をしていて、河口部東岸に香港、深圳、河口部西岸にマカオ、珠海があって、広州を頂点としたトライアングル（三角）を描く。この広州の外港（海港）がおかれたのが黄埔で、そこには海の守り神をまつった南海神廟が立っている。この黄埔近くの東江口から、珠江の川幅は広くなっていき、東莞虎門と広州南沙を結ぶ虎門大橋までを「獅子洋」と呼ぶ。東莞虎門と広州南沙の先は一気に川幅が広がって海のようなたたずまいを見せ、深圳赤湾近くに浮かぶ内伶仃島までを「伶仃洋」と呼ぶ。内伶仃島がちょうど珠江と南海の接点となっていて、大航海時代（15〜17世紀）を迎えた西欧諸国は、インド航路とマラッカ海峡を越えて南海にいたり、中国の南大門であった広州を目指した。この西欧から見て中国への入口である珠江口は、中国（北京）から見ては辺境にある異国との最前線であり、鄭和が航海にあたって訪れた由緒ある「赤湾天后宮」、倭寇対策の防衛拠点であった「大鵬所城」や「南頭古城」などが残っている。また清朝の官僚林則徐（1785〜1850年）が、密売を試みるイギリスのインド産アヘンを没収して、深圳から遠くない珠江口の東莞虎門で焼却したこと、アヘン戦争が珠江を舞台に行なわれたこと、ポルトガルがマカオ（1557年）を、アヘン戦争後にイギリスが香港（1842年）を獲得したのも、南海と中国、海水と淡水の接点である広州に近かったことを理由とする。深圳と香港をわける深圳河は深圳湾から伶仃洋にいたり、深圳はこれらの歴史を間近で見てきた。

深圳郊外の構成

　「鵬城」という名の通り大鵬が羽ばたくように、深圳市は東西に伸び、南の香港を包みこむように広がる。20世紀末より羅湖、南山(蛇口)、福田、沙頭角といった香港新界に隣接する地に経済特区がおかれ、これがいわば「深圳関内」、21世紀に入ってから開発の進んだ深圳郊外が「深圳関外」にあたる。清代の深圳は大きく東西で、東の客家語地域と、西の広東語地域にわけられ、東の大鵬古城と西の南頭古城が、明代より続くこの地方の中心であった。羅湖区と福田区が手ぜまになったことから、「南頭古城」のあった西側の南山区へと開発は遷り、ここにIT企業のオフィスが集まっている。南山区から伶仃洋に向かって伸びる南頭半島先端部の赤湾には漁民たちの守り神「赤湾天后宮」やこの地まで逃れて崖山で滅亡した南宋の「宋少帝陵」が残り、また高層ビルが林立する麓には南山村や南園村などの城中村が点在するなど、深圳の古い文化を今に伝えている。深圳の開発は南山区の中心からより西部の「前海中心(前海湾)」とそれに隣接する宝安中心区におよび、新たな深圳の核心区として注目を集めている。珠江に面する深圳西郊外の宝安区は、その名前(宝安県からとられた)が示すように、明清時代の深圳らしさをもっとも残す場所だと言われる。そしてこの地に深圳の空の玄関口である「深圳宝安国際空港」が位置する。一方、深圳東部の塩田区、龍崗区、大鵬新区では海洋文化、客家文化の足跡が見られ、21世紀以降に開発が進んでいる。香港(繁体字)と中国(簡体字)が一堂に介し、深圳の象徴的性格を示す塩田区の「中英街(沙頭角)」、海を通じて世界と結ばれている「塩田港」、大鵬半島のつけ根にあり深圳古名の「鵬城」の由来となった明清時代の軍事都市「大鵬所城」を抱えている。これら深圳東郊外の内陸部に広がるのが「龍崗区」で、「深圳客家民俗博物館(鶴湖新居)」をはじめとした客家の集落が点在するほか、「龍城広場」「世茂深港国際中心(大運新城)」などの大

規模開発によって、深圳の副都心として注目されている。またこの深圳西郊外と深圳東郊外、深圳市街部のちょうどあいだに「深圳北駅」を擁する「龍華区」が位置し、高速鉄路の路線の集まるこの地は、中国各地から深圳を目指してやってきた人が第一歩を踏み出す地となっている。

Nan Shan
南山城市案内

珠江口に面した深圳西部の南山区
南頭古城や赤湾天后宮、城中村が残るほか
今ではIT企業の集積地という顔をもつ

南山／南山★★☆
㉛ nán shān ㉚ naam⁴ saan¹
なんざん／ナァンシャアン／ナアムサアン

　香港に隣接する深圳市街部のうち、羅湖、福田の西側に位置する南山（南山区）。南山という名前は、この半島の中央南部にそびえる山に由来し、周囲を海に囲まれ、心地よい風の吹くあたりはすぐれた住環境をもつ。伶仃洋（珠江口）と深圳湾をわけるように突き出した南頭半島のつけ根部分に南頭古城が位置し、ここは331年に行政府がおかれて以来、長らく、深圳の軍事、政治、経済、文化の中心地であった（そのため南山は深圳発祥の地だと言えるが、1911年の九広鉄路開通を受けて、深圳の行政府は南山の南頭古城から羅湖に遷った）。改革開放の流れを受けて、1979年から深圳の開発がはじまると、鉄道の走る羅湖と港湾を利用できる南山の蛇口がその舞台となった。蛇口は油田開発と遠洋航海の貨物船が往来する港町という性格をもち、李鴻章（1823〜1901年）以来の伝統をもつ水運企業の招商局の拠点も蛇口にあった。また深圳黎明期に観光地として開発された「錦繍中華」「世界之窓」を擁する華僑城も、南山区の領域にあたる。20世紀末に入ると羅湖に続いて、福田CBDの開発が進み、続いて福田に隣接する南山区にも開発はおよんだ。華為（ファーウェイ）、騰訊（テンセント）、招商銀行、平安保険といった中国を代表する企業のオフィスがな

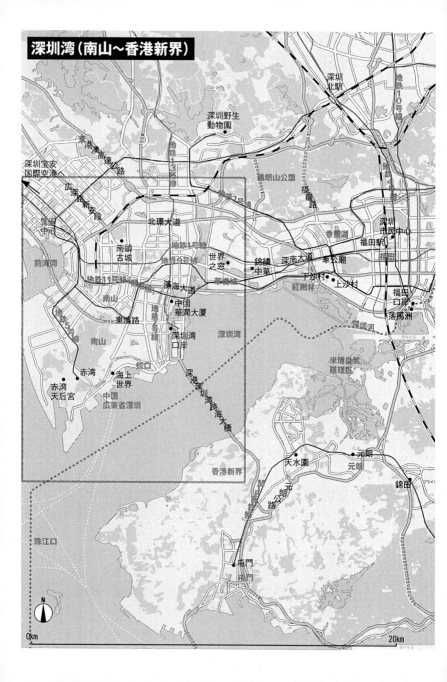

深圳湾（南山〜香港新界）

深圳北駅
地铁10号線
深圳野生動物園
京港澳高速公路
地铁13号線
地铁7号線
鶴朗山公園
福龍路
深圳宝安国際空港へ
広深路新莞段
北環大道
深圳市民中心
香蜜湖
福田駅
深圳中心
地铁11号線
南頭古城
地铁13号線
世界之窓
錦繍中華
深南大道
車公廟
福田
下沙村
上沙村
前海湾
漁海大道
益田路
紅樹林
福田口岸
地铁11号線
南山
中国華潤大厦
落馬洲
東濱路
地铁2号線
南山
深圳湾口岸
深圳河
地铁5号線
蛇口
深圳湾
米埔自然保護区
赤湾
海上世界
赤湾天后宮
中国広東省深圳
深港深圳湾跨海大橋
元朗
天水圍
元朗
元朗
錦田
香港新界
珠江口
元朗公路
屯門
屯門

N

0km
20km

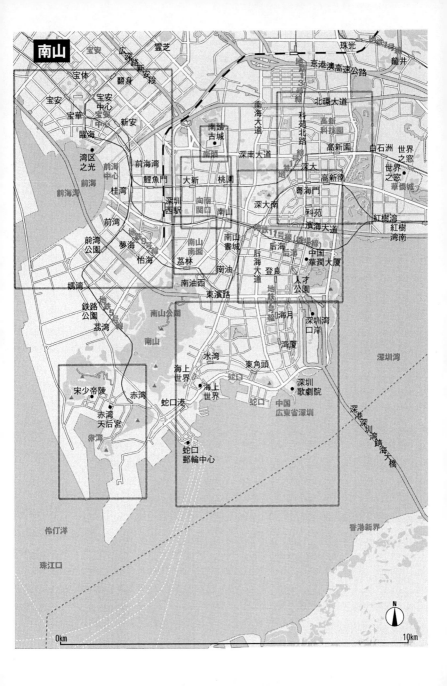

らび、南山(粤海街道)は「創新」や「紅いシリコンバレー」の言葉で語られている。そして南山西側前海湾の前海中心では、急速な開発が進み、福田中心との双城市中心(ふたつの核をもつ深圳)を目指している。

南山のかんたんな歴史

　珠江口に位置する深圳南山では、豊富な植物や資源にめぐまれ、6000年前の新石器時代から人類の活動が確認されている。漢(紀元前202〜220年)代、南越国の領土だった南山は漢族とは異なる百越の地であり、武帝時代に南海郡に属していた。東晋の331年、現在の広東省南東部と香港、福建南部に広がる東官郡の行政府(宝安県)が南頭古城におかれ、これが都市深圳のはじまりとなった。757年、宝安県は東莞県となり、その首府が今の東莞(莞城)に遷ることもあったが、南

★★★
海上世界／海上世界 ハイシャンシイジィエ／ホイソォオンサァイガアイ
南頭古城(新安故城)／南头古城(新安故城) ナァントォウグウチァアン／ナアムタァウグウセェン
★★☆
南山／南山 ナンシャアン／ナアムサアン
赤湾天后宮／赤湾天后宮 チイワァンティエンホォウゴォン／チェッワアンティンハァオゴォン
深圳湾跨海大橋／深圳湾跨海大桥 シェンチェンワンクゥアハイダアチィアオ／サアムザァンワアンクワッホォイダアイキィウ
中国華潤大厦／中国华润大厦 チョオングゥオフゥアルゥンダアシャア／ジョオングゥオッファアユゥンダアイハァ
前海中心／前海中心 チィエンハァイチョオンシィン／チィンホイジョオンサァム
湾区之光／湾区之光 ワァンチュウチイグゥアン／ワアンコイジイグゥオン
★☆☆
宋少帝陵／宋少帝陵 ソォンシャアオディイリィン／ソォンシィウダアイリィン
蛇口／蛇口 シェエコォウ／セエハァオ
南山公園／南山公园 ナンシャアンゴォンユゥエン／ナアムサアンゴォンユン
深圳湾／深圳湾 シェンチェンワァン／サアムザァンワアン
深圳湾口岸／深圳湾口岸 シェンチェンワァンコォウアン／サアムザァンワアンハァウンゴォン
深圳歌劇院／深圳歌剧院 シェンチェンガアジュウユゥエン／サアムザァンゴオケッユウン
深南大道／深南大道 シェンナァンダアダアオ／サアムナアムダアイドォウ
南山高新科技園／南山高新科技园 ナンシャアンガァオシィンカアジイユゥエン／ナアムサアンゴォウサァンフォオゲェイユゥン
宝安／宝安 バァオアァン／ボォウオン
宝安中心区商圏／宝安中心区商圈 バァオアァンチョオンシィンチュウシャアンチュウアン／ボォウオンジョオンサァムコォイソォンヒュン

1978年の改革開放と同時に蛇口の開発は進んだ

フランスの豪華客船「ANCEVELLER（明華輪）」

真っ白の壁面をもつ、海上世界文化芸術中心

頭古城は1700年の歴史をもつ「深港文化之根」にあげられる（南海に近く、生活に必要な塩の管理を行なう拠点だったこと、宝安という名前は銀を産出する銀山に由来すること、香料の莞香（莞草）が産出されたこと、などで特徴をもっていた）。宋（960〜1279年）代から元（1271〜1368年）代にかけて、戦乱で南遷してきた陳氏一族や呉一族が南山のふもとに移住してきて、南山村（陳屋村）や南園村といった集落を築いた。海岸部で倭寇が跋扈した明代の1394年、珠江口東岸の防御線のうち、重要な城塞の東莞所城（東莞守御千戸所）が深圳におかれ、これが現在にいたる南頭古城の前身となった。1573年からは県になって新安県と名づけられ、以来、遷界令（1661〜83年）によって荒野になることもあったが、1953年までの380年間、南頭古城に宝安県（新安県）の県治はおかれていた。20世紀に入って深圳の中心が東に20km離れた羅湖に遷ったのち、改革開放にともなって1979年に深圳の開発がはじまると、南頭半島の蛇口に工業製造区と輸出をかねた開発区がおかれた。1983年に南頭区が設立され、1990年に南山区へと名称を変えて、1996年ごろからソフトウェア会社をはじめとするIT企業が南山に拠点を構えるようになった。1997年に香港がイギリスから中国に返還されると、深圳と香港の一体化の機運が高まり、2007年、深圳湾跨海大橋が開通して香港新界と南山が陸路で結ばれた。現在、深圳湾（后海湾）と珠江口（前海湾）に面した好環境の南山区には、大学や企業が集まり、深圳から世界への進出を目指す起業家たちの姿がある。こうした変遷を概観すると、南山からはじまった深圳の歴史は、東の羅湖に遷り、そこから再び西へと戻ってきたと言える。

南山の構成

伶仃洋へ向かって伸びていく南頭半島（南山半島）とそのつけ根部分、背後の丘陵部分までが南山区となっている。もともと南山区の名前となった南山（大南山）は洋上に浮かぶ島で

あり、それが陸地とつながって南頭半島となった。この南頭半島の西側が珠江、伶仃洋（前海）、東側が深圳湾（后海湾）で、深圳という街の名前となった深圳河は、深圳湾に向かって流れてくる。南北に長く、東西にせまい南頭半島の中央南部には大南山（南山公園）がそびえ、南西側に小南山がそびえる。その南麓、半島の先端部を赤湾といい、あたりでもっとも由緒正しい「赤湾天后宮」が立ち、すぐそばには南宋最後の皇帝の眠る「宋少帝陵」が位置する。赤湾とともに南頭半島先端部の蛇口は、1979年創建の都市深圳の黎明期から開発のはじまったところで、蛇口港、蛇口漁港が位置するほか、「海上世界」「深圳海上世界文化芸術中心」などが集まる観光地となっている。そしてその東側が「深圳湾口岸」で、香港新界に向かって「深港深圳湾跨海大橋」が伸びている。大南山（南山公園）の北麓には南山村や南園村が残り、深圳湾（后海湾）沿いは公園として整備されているほか、「中国華潤大厦」「深圳湾文化広場」「深圳湾体育中心」といったランドマークがその姿を見せている。南頭半島のつけ根部分に、331年以来、この街の行政府だった「南頭古城」が位置し、深圳と香港文化の発祥地にもあげられる。この南頭古城の東側に、IT企業の集まるソフトウェアパークの「高新科技園（后湾）」が位置し、西側にめざましい発展を見せる「前海中心」が広がる。南山区は半島、湾、100m以下の丘陵を抱える豊かな環境をもつほか、伶仃洋に浮かぶ、珠江と南海の分岐点にあたる内伶仃島も南山区の領域となっている。

たけのこのような中国華潤大厦がそびえる

Chi Wan
赤湾城市案内

風光明媚な南山の麓
海の守り神をまつった天后宮と
南宋最後の皇帝の眠る宋少帝陵が位置する

赤湾天后宮／赤湾天后宮★★☆

北 chì wān tiān hòu gōng 広 chek² waan¹ tin¹ hau³ gung¹
せきわんてんごうきゅう／チイワァンティエンホォウゴォン／チェッワアンティンハァオゴォン

　深圳南頭半島の先端部、伶仃洋に向かって立つ「海の守り
神」をまつる赤湾天后宮。広東沿岸部でもっとも重要な天后
宮のひとつで、創建は宋（960〜1279年）代にさかのぼる（当初、
天妃廟といった）。天后は宋代の福建省に実在した巫女で、元、
明代の海上交易の高まりとともに天后信仰も中国東南沿岸
部に広がっていった。明代、大船団をひきいてインド洋へ
向かった鄭和（1371?〜1434年?）の一団が、この赤湾天后宮に
立ち寄ったことでも知られ、1410年、鄭和の副官である張
源が、タイに行く前に航海の無事を祈り、船団が無事に中国
に帰ってきてからはそのお礼に天后宮を修復したという。
そして1431年、鄭和7回目の遠征のとき、赤湾天后宮に天妃
霊応之記碑を建てていて、そこには深圳近くの海で危機に
陥った鄭和の船団が天后に助けられたという話をはじめ、
鄭和の7度の航海（西洋下り）に関する記録が残っている。そ
こからは赤湾天后宮が「海のシルクロード」の要衝であった
ことがうかがえ、宝安県を管轄した南頭古城から遠くない
ことや、天后廟近くに宋少帝陵が残っていることもそれを
裏づけている。この赤湾天后宮の山門からなかに入ると牌
楼、月池、石橋へと続き、両脇の鐘楼と鼓楼の奥には前殿が

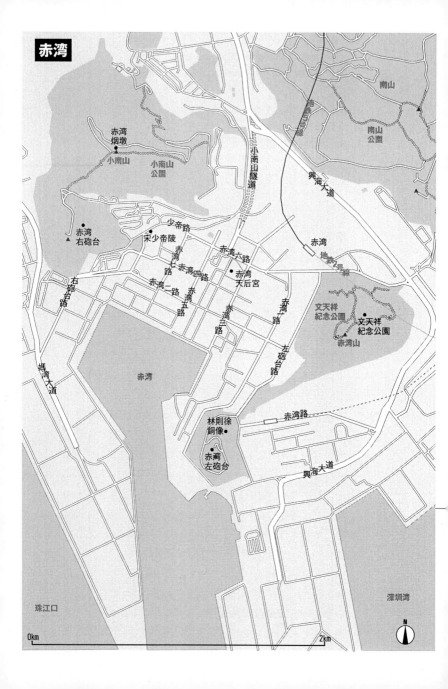

立ち、そこから正殿、後殿へと軸線上に伽藍が展開する。赤の柱、緑の屋根瓦が見え、極彩色の装飾や彫刻で宮殿は彩られている。かつてこの天后宮は大寺院と呼ばれ、南頭半島や香港九龍、珠江口の住民たちが、旧暦3月23日の祭りにあわせて赤湾天后宮に集まってきて、牛や羊、豚が生贄として捧げられ、祭祀ののちに海に沈められたという。やがて1950年代になると、この天后宮は破壊の憂き目にあい、国境近くの兵営として利用された(代わりに深圳福田の天后宮が信仰対象となった)。改革開放の進んだ1992年、深圳と香港をあわせた旧宝安県でも由緒正しいこの赤湾天后宮の再建が決まり、新安八景のひとつ「赤湾勝概」もよみがえることになった。

赤湾左砲台／赤湾左炮台★☆☆

⊕ chì wān zuǒ pào tái ⊕ chek² waan¹ jó paau² toi⁴
せきわんさほうだい／チイワンズゥオパァオタァイ／チェッワアンゾパアオトイ

　南海に向かって鎮座し、広州を守る虎門要塞の前線基地にあたった赤湾左砲台。清代の1669年に造営され、6つの大砲を擁し、20名の兵士が常駐していた。アヘン戦争(1840〜42年)直前の1839年、広東水師関天培は深圳界隈の穿鼻洋、伶仃洋での戦いでイギリスを敗退させ、この戦いで赤湾左砲台も力を発揮した。赤湾左砲台は長さ26.2m、幅15.5m、高さ4.5mで、赤湾右砲台とともに天然の良湾の赤湾を守り、深圳の海上防衛をになっていたが、1893年に破棄された(その役割を終えた)。改革開放後の1984年に発掘されると、清代の陶

磁器や鉄砲、銅銭などがこの地から出土し、そして赤湾左砲台が整備され、林則徐銅像も建てられた。

蛇口林則徐銅像／蛇口林則徐銅像★☆☆

🀄 shé kǒu lín zé xú tóng xiàng　🇭🇰 se⁴ háu lam¹ jak¹ cheui⁴ tung⁴ jeung³
だこうりんそくじょどうぞう／シェエコウリンゼエシュウトンシィアン／セエハァオラァムジャッチョオイトォンジャアン

　赤湾そばの丘陵上に構えられた赤湾左砲台、ガジュマルの木がしげるなか立つ林則徐銅像。林則徐(1785～1850年)はイギリスの密輸するアヘン問題にあたるため、欽差大臣として広州に赴任し、東莞虎門でアヘンを焼却するなど、毅然とした態度でのぞんだ。結果、アヘン戦争(1840～42年)が起こって、清朝は敗れたものの、林則徐は民族的英雄と見られている。この蛇口林則徐銅像は、アヘン戦争開戦150周年を記念して、深圳が発展を続けるなかの1990年に建てられた。

文天祥紀念公園／文天祥紀念公園★☆☆

🀄 wén tiān xiáng jì niàn gōng yuán　🇭🇰 man⁴ tin¹ cheung⁴ géi nim³ gung¹ yun⁴
ぶんてんしょうきねんこうえん／ウェンティエンシィアンジイニィエンゴォンユゥエン／マンティンチョオンゲエイニィムゴォンユン

　モンゴル軍の侵入で、都杭州を追われた南宋皇室を守るため、軍をひきいて戦った文天祥(1236～82年)に捧げられた文天祥紀念公園。南宋はマカオ近くの崖山の戦いで、滅亡するが、文天祥はこのとき『過零丁洋』(伶仃洋を渡る)を記している(南宋皇帝の遺体は、深圳赤湾に流れついて、宋少帝陵が建てられた)。赤湾近くの丘陵に展開する文天祥紀念公園では、亜熱帯の植生が見られ、ここから深圳湾をのぞむことができる。

宋少帝陵／宋少帝陵★☆☆

🀄 sòng shǎo dì líng　🇭🇰 sung² siu² dai² ling⁴
そうしょうていりょう／ソォンシャアオディイリィン／ソォンシゥウダァイリィン

　モンゴル軍に追われて嶺南に逃れ、南方の最果ての地で滅亡した南宋最後の皇帝趙昺(1271～79年)が眠る宋少帝陵。趙昺はフビライ・ハンが元朝を建立した1271年に生まれ、そ

天后へ犠牲を捧げる、祭祀の様子

珠江河口部には防衛のための要塞がいくつも築かれた

アヘン問題にあたった清朝の官吏、林則徐

のとき杭州を都とする南宋の命運は尽きようとしていた。1276年に杭州が陥落すると、幼い趙昺や南宋の重臣は福建、広東へと逃れ、1278年に端宗が病死すると、8歳の趙昺が祥興帝として即位した。趙昺は陸秀夫や文天祥らに支えられながら、広東新会崖山で最後の戦いにのぞんだが、モンゴル軍に敗れ、南宋は滅亡した。このとき相手の辱めを受けるのをさけるため、陸秀夫は8歳の趙昺を抱いて海に身を投げた（この話は、源平の戦いの壇ノ浦の合戦ともくらべられる）。趙昺の遺体は海上をただよっていたが、ある日、南山麓の古寺の老僧が海辺（赤湾）でその遺体を発見した。そして、遺体の服装が立派であったことから、趙昺のものに違いないと考え、小南山の麓に宋少帝陵を築いて埋葬したという。現在のものは清末の1911年に、皇帝の末裔を自認する香港の趙氏が、趙昺＝宋少帝を記念して造営したもので、この地が辺境であったことからほとんど注目されていなかったが、1963年に赤湾の守備隊によって発見された。小南山を背にした宋少帝陵は、奥行9m、幅5.5mの規模で、その中央に花崗岩製の石碑が立ち、「大宋祥慶少帝之陵」の文言が見える。またそばには皇帝趙昺を背負って入水した陸秀夫の像が立つ。

赤湾烟墩／赤湾烟墩★☆☆

北 chì wān yān dūn 広 chek² waan¹ yin¹ deun¹
せきわんえんとん／チイワンイェンドゥン／チェッワアンインインダァン

明代の1394年におかれた東莞所城（東莞守御千戸所、現在の南頭古城）のもっとも重要な烽火台であった赤湾烟墩。赤湾の小南山に立ち、海上の倭寇を発見すると狼煙をあげて、敵の襲来を告げた。1551年、南頭古城の明軍がここで倭寇を討ったと伝えられる。現在のものは1995年に再建され、円台形の赤湾烟墩は底部11m、頂部6mの規模で、高さは6mになる。

She Kou

蛇口城市案内

伶仃洋に向かって伸びる南頭半島
その南東端を蛇の口に見たてて蛇口と呼ぶ
深圳黎明期から開発された場所のひとつであった

蛇口／蛇口 ★☆☆
⑱ *shé kǒu* ⑱ *se⁴ háu*
だこう／シェエコォウ／セエハァオ

　深圳市の南西端、深圳湾に面した港町で、1978年からの改革開放で羅湖とともに最初期から開発がはじまった蛇口。蛇口という地名は、伶仃洋に向かって突き出した南頭半島のかたちが「蛇の頭」に似ていることから名づけられた。古くは漁業をなりわいとする漁村があったところで、水上居民の姿も多く見られ、その面影は蛇口老街(漁二村)に残っている。半島先端部の蛇口から香港新界までの距離はわずか5kmほどで、かつてはここから深圳湾をはさんで対岸の香港への不法入国を試みる人びとも多かったという。蛇口の発展は、その立地や港湾機能が注目され、1979年に蛇口工業区がつくられたことにはじまる。それにともなって香港資本や海外の華僑からの資金が流入し、洋務運動を進めた李鴻章(1823〜1901年)の創立した国有企業である招商局が開発をになった。蛇口(深圳)の工場で製造加工を行ない、そこから貨物船で香港、そして世界へ輸送するという黎明期の深圳のモデルが確立され、街の発展を牽引した。招商局のほかにも、平安保険集団(中国平安)は1988年、深圳蛇口で生まれ、金融面で深圳の企業を支援し、現在では福田CBDに高さ592.5mの平安国際金融中心を構えている。また香港やマ

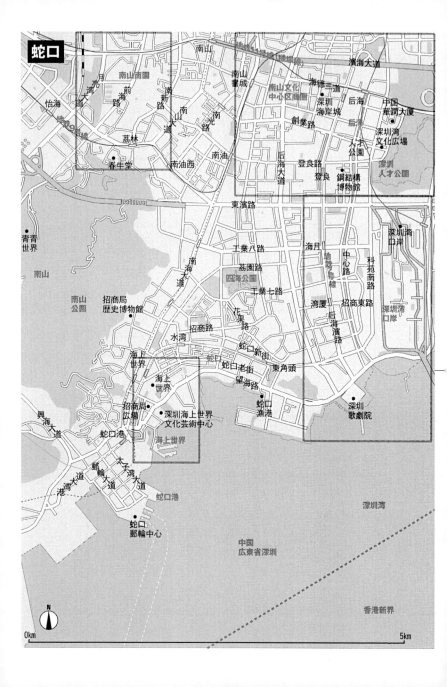

カオ、珠海との船便が蛇口港を発着し、深圳湾の対岸の香港新界と深圳湾跨海大橋で結ばれるなど、製造業の工業地域から大きく性格を変え、現在、蛇口商圏をつくっている。改革開放を指導した鄧小平(1904〜97年)の揮毫で知られる「海上世界」、あたりには深圳海上世界文化芸術中心や招商局広場などが集まって、深圳を代表する観光地という顔ももつ。

蛇口老街(漁二村)／蛇口老街★☆☆

⑪ shé kǒu lǎo jiē ⑯ se⁴ háu lou, gaai¹
だこうろうがい(ぎょにそん)／シェエコォウラァオジィエ／セエハァオロォウガアイ

深圳の開発がはじまる以前の、昔ながらの漁村のたたずまいを残す蛇口老街(漁二村)。南頭半島先端部、南海への絶好の位置で、かつ波の影響を受けづらい湾に位置する蛇口には、古くから漁業をなりわいとする漁村の姿があった。とくに1944年、広東省東部の海豊で飢饉が起こると、この地の水上居民が深圳蛇口へ遷ってきた(そのため、蛇口では閩南語系の

★★★
海上世界／海上世界 ハァイシャアンシイジィエ／ホォイソォオンサァイガアイ
★★☆
海上世界文化芸術中心／海上世界文化艺术中心 ハァイシャアンシイジィエウェンフゥアイイシュウチョオンシィン／ホォイソォオンサァイガアイマンファアワンセッジョオンサァム
南山／南山 ナァンシャアン／ナアムサアン
海岸城／海岸城 ハァイアァンチャアン／ホォインゴンシィン
中国華潤大厦／中国华润大厦 チョオングゥオフゥアルゥンダアシャア／ジョオングゥオッワァユゥンダアイハァ
★☆☆
蛇口／蛇口 シェエコォウ／セエハァオ
蛇口老街(漁二村)／蛇口老街 シェエコォウラァオジィエ／セエハァオロォウガアイ
招商局歴史博物館／招商局历史博物馆 チャアオシャアンジュウリイシィイボオウヴゥアン／ジィウサァンゴッリッシイボッマッグゥン
南山公園／南山公园 ナァンシャアンゴォンユゥエン／ナアムサアンゴォンユン
青青世界／青青世界 チィンチィンシイジィエ／チィンチィンサァイガアイ
招商局広場／招商局广场 チャアオシャアンジュウグゥアンチャアン／ジィウソォンゴッグゥオンチャアン
深圳湾／深圳湾 シェンチェンファン／サアムザァンワアン
深圳湾口岸／深圳湾口岸 シェンチェンファンコゥアン／サアムザァンワアンハゥウンゴォン
深圳歌劇院／深圳歌剧院 シェンチェンガアジュウユゥエン／サアムザァンゴオケッユウン
深圳湾文化広場／深圳湾文化广场 シェンチェンファンウェンフゥアグゥオアンチャアン／サアムザァンワアンマァンファアグゥオンチャアン
春牛堂／春牛堂 チュゥンニィウタァン／チョオンンガオトォン

福佬話が話されていたという）。当時、水上居民の彼らは水流柴という船状の家屋に暮らし、魚をとって陸地の人と油や塩、布などの生活必需品と物々交換をしていた。1949年の中華人民共和国成立以後、陸地にあがって生活するようになったこの水上居民は、集落の漁二村（蛇口老街）を築き、近くの蛇口漁港とともに蛇口の原風景をつくっている。20世紀末以降の改革開放とともに周囲は変貌をとげて高層ビルが立つなか、「漁二村」の牌楼が見られる。蛇口老街の愛称で知られ、小吃、餅、麺、また海鮮料理を出す店がならぶ蛇口美食街となっている。

招商局歴史博物館／招商局历史博物馆★☆☆

北 zhāo shāng jú fi shǐ bó wù guǎn 広 jiu¹ seung¹ guk³ lik³ sí bok² mat³ gún

しょうしょうきょくれきしはくぶつかん／チャアオシャンジュウリイシイボオウウグゥアン／ジウサァンゴッリッシイボッマッグウン

　深圳蛇口の発展を牽引してきた招商局(China Merchants Group)に関する招商局歴史博物館。1860年代以降、外国資本に対抗するため、清朝は工業、鉱業、運輸、銀行などの国有企業を設立する洋務運動を進め、近代化への舵を切った。こうしたなか李鴻章(1823〜1901年)によって1872年、上海で設立されたのが招商局で、民間から資本を集めて(招商)、水運業、貿易業を行なった。国有企業の招商局は1978年以後の改革開放にあたっても中心的存在として活躍し、この招商局歴史博物館は1992年に開館した。「1872年から今日まで」「李鴻章と招商局」といった展示が見られ、李鴻章のメモ、清末の海運資料、蛇口工業区が決まった際の「香港の詳細図」、鄧小平(1904〜97年)が記した「海上世界」など、400という文物を展示する。南山山麓の亀山別墅区に位置する。

南山公園／南山公园★☆☆

北 nán shān gōng yuán 広 naam⁴ saan¹ gung¹ yun⁴

なんざんこうえん／ナァンシャンゴォンユウエン／ナアムサアンゴォンユン

　南頭半島の中央南部にそびえる高さ336mの南山(大南山)

を中心とした南山公園。南山区という地名はこの南山（大南山）に由来し、かつては海中の島だったが、南頭の花崗岩台地とのあいだが砂の堆積でつながり、南頭半島になった。周囲を海に囲まれて心地よい風が吹いているほか、緑豊かな山の上部からは、深圳湾一帯が視野に入る（大南山の南西には小南山がそびえている）。南山公園の南麓には、赤湾天后宮や宋少帝陵が位置する。

青青世界／青青世界★☆☆
⓲ qīng qīng shì jiè ⓰ ching¹ ching¹ sai² gaai²
せいせいせかい／チンチンシイジィエ／チンチンサァイガアイ

　青青世界は、南山西斜面の丘陵上に展開する山の緑と豊かな水にあふれた自然のテーマパーク。虫を食べる草、とかげ、木に登るカエルなどが見られる「熱帯雨林」、茂みのなかに生息する恐竜と出合える「侏羅紀公園（ジュラシック・パーク）」、卵から幼虫、さなぎ、成虫になるまでの蝶の一生にふれられる「蝴蝶公園」、陶器をあつかう「陶芸館」、ウリやひょうたん、かぼちゃなどが栽培された「瓜果公園」、亜熱帯の花がならぶ「花卉超市」などからなる。

海のような珠江口の伶仃洋

Hai Shang Shi Jie
海上世界鑑賞案内

蛇口からは深圳湾をはさんで香港新界が見える
香港に学び、香港に追いつけ
海上世界はその想いが現れた場所だと言える

海上世界／海上世界★★★

⑪ hǎi shàng shì jiè　⑭ hói seung³ sai² gaai²
かいじょうせかい／ハァイシャアンシイジエ／ホォイソォオンサァイガアイ

　対岸に香港元朗をのぞむ深圳湾のウォーターフロントに位置する海上世界。1984年設立の招商局地産の投資、開発で現在の姿となり、テーマパーク、美術館、レストラン、オフィス、高級マンションが一体となった「都市のなかの都市」とも言える。1978年の改革開放にあわせて、大統領シャルル・ド・ゴールも愛用したフランスの豪華客船「ANCEVELLER（明華輪）」が深圳蛇口へと航海してきて、それが改装され、以来、蛇口海上世界のランドマークとなっている。1984年1月26日、蛇口工業区を訪れた鄧小平（1904〜97年）は、この豪華客船「ANCEVELLER（明華輪）」に乗り込み、「海上世界」と記し、それは香港を対岸に、発展する中国の自信と変革を象徴的に示した文言として名を残すことになった（1984年の国慶節に「時間就是金銭、効率就是生命＝時は金なり、効率こそ命なり」という深圳の理念をかかげ、「海上世界」と名づけられた車が北京の天安門広場前でパレードしたことからも、この言葉の意味がうかがえる）。「ANCEVELLER（明華輪）」は9階建て、全長168m、幅21m、排水量14000トンという規模で、内部には600名以上が宿泊できる239室のスイートルームをそなえる。1980年代の深圳黎明期に観光地として知られたこの海上世界も、再開発が進み、豪華客船の

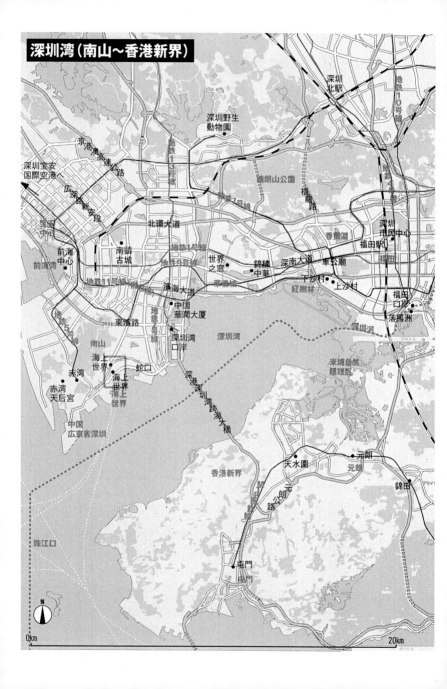

深圳湾（南山〜香港新界）

深圳北駅
地鉄10号線
深圳野生動物園
京港澳高速公路
龍鉄13号線
龍鉄7号線
蓮朗山公園
福龍路
深圳宝安国際空港へ
広深路新安段
北環大道
深圳市民中心
香蜜湖
福田駅
前海中心
南頭古城
地鉄9号線
世界之窓
深南大道
車公廟
錦繡中華
前海湾
地鉄11号線
濱海大道
深南大道
下沙村
上沙村
紅樹林
福田口岸
落馬洲
中国華潤大厦
地鉄5号線
東濱路
南山
深圳湾口岸
深圳河
深圳湾
海上世界
蛇口
米埔自然保護区
赤湾
上下世界海上世界
深港深圳湾跨海大橋
赤湾天后宮
中国広東省深圳
香港新界
天水圍
元朗
元朗
元朗公路
錦田
屯門
屯門
珠江口

N

0km   20km

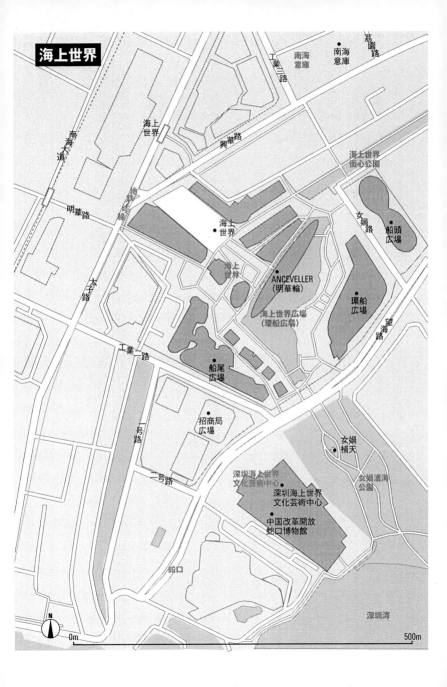

周囲は「海上世界広場」として開放され、客船の頭側が「船頭広場」、客船の横が「環船広場」、お尻側が「船尾広場」となっている。水辺のゆったりとした空間が広がるなか、招商局のオフィスビル、高級マンション、水辺の公園が位置し、それぞれの棟で世界各地の料理やショッピングが楽しめる。また「I LOVE SHE KOU（私は蛇口が大好き）」のオブジェクトが立つ。

女媧補天／女娲补天★☆☆

北 nǚ wā bǔ tiān　広 neui, wo¹ bóu tin¹
じょかほてん／ニュウワアブウティエン／ニュイウオボオティン

　　蛇口海上世界の一角に立つ高さ10m、全身乳白色の彫像の女媧補天。この人頭蛇体の女神、女媧補天は、中国南方の古代神話に登場し、人類を創造したと伝えられる。太古、天を支えていた4本の柱が折れると、天は割れ、大地は裂けてしまった。そこで女媧は五色の石をねって天の割れ目を補い、大亀の足を切りとって天と地を支えて、世界をもとの通りにしたという。この女媧補天の像では、女媧が補天する様

子が表現されている。

海上世界文化芸術中心／海上世界文化艺术中心★★☆
(北) hǎi shàng shì jiè wén huà yì shù zhōng xīn　(広) hói seung³ sai² gaai² man⁴ fa² wan⁴ seut³ jung¹ sam¹
かいじょうせかいぶんかげいじゅつちゅうしん／ハァイシャンシイジィエウェンフゥアイシュウチョオンシィン／ホォイソォオンサァイガアイマンファアワンセッジョオンサァム

　深圳湾にのぞむ、海上世界の一角に立つ現代美術をあつかった海上世界文化芸術中心。イギリスの国立ヴィクトリア・アンド・アルバート博物館(V&A)と蛇口を開発した招商局集団(チャイナ・マーチャンツ・グループ)の共同で2017年に開館した。ヴィクトリア・アンド・アルバート博物館の収蔵する250点のアート作品を展示し、収集家の馬未都によるギャラリー、図書館、レストランなどからなる。この海上世界文化芸術中心は日本人建築家槇文彦による設計で、地上4階、地下2階建て、都市、公園、海の三方向に面し、正面は深圳湾、そして海をへだてて香港元朗にのぞむ。白を基調とした壁とガラス、ゆったりとした空間、階段で構成され、屋上庭園では心地よい海風が吹く。深圳の過去と未来を結び、深圳の文化と芸術を象徴する建築となっている。

中国改革開放蛇口博物館／中国改革开放蛇口博物馆★☆☆
(北) zhōng guó gǎi gé kāi fàng shé kǒu bó wù guǎn　(広) jung¹ gwok² gói gaak² hoi¹ fong² se⁴ háu bok² mat³ gún
ちゅうごくかいかくかいほうだこうはくぶつかん／チョングゥオガァイガアファンシェエコォウボオウグゥアン／ジョオングゥオッゴオイガアッホォイフオンセエハァオボッマッグゥン

　わずか40年で驚異的な発展をとげた深圳蛇口の改革開放の歩みを伝える中国改革開放蛇口博物館。1949年の新中国建国以後の計画経済から、1978年よりはじまる改革開放で、資本主義の要素をとり入れた経済へ舵を切って、経済特区がつくられた深圳を「潮」「創」「開」「闖」「勢」をテーマに紹介する。金融面、その他の事業で、改革開放の指導的な役割を果たした招商局によるもので、2017年12月26日、「改革開放40周年」を記念して海上世界文化芸術中心に開館した。

1978年の改革開放からわずか40年で世界的都市に成長した

海上世界は深圳屈指の観光地でもある

「I LOVE SHE KOU（私は蛇口が大好き）」のオブジェクトが見える

壊れた天を支え、世界を再生する女媧補天

招商局広場／招商局广场 ★☆☆

北 zhāo shāng jú guǎng chǎng 広 jiu¹ seung¹ guk³ gwóng cheung⁴
しょうしょうきょくひろば／チアオシャンジュウグゥアンチャアン／ジィウソォンゴッグゥオンチャアン

　清代の李鴻章(1823〜1901年)による洋務運動の流れをくむ招商局による招商局広場(China Merchants Plaza)。1872年、招商局は外資に対抗するため、民間から資本を集めて(招商)、上海で設立され、中国最大の海運企業「輪船招商公局」として航運業に従事した。そして、そこから銀行、電信局、紡績工場、鉄道、炭鉱などへ事業を広げ、半官半民の企業として中国の近代化を牽引してきた。創業から約百年後の1978年に資本主義の要素をとり入れる改革開放がはじまると、その舞台となった深圳蛇口を拠点に、招商局が資金調達、投資、産業振興の中心的役割を果たすことになった。1984年、蛇口工業区には数十社の企業が集まっていたが、当時は企業統治や金融面で未熟であったため、これらの企業を金融をはじめとしたさまざまな面で招商局が支えることになった。そして、深圳の製造業の発達とともに、招商局も事業を拡大させていき、世界的な企業へと成長した(同じく蛇口で創業した平安保険も同様の性格をもっていた)。この招商局広場は、もともと灯台の役割を果たした領航塔を前身とし、高さ211m、地上37階建ての高層建築はSOM USAが設計し、2012年に完成した。背後に山、前方に海にのぞむ蛇口を代表する景観となっていて、ここに一大財閥となった招商局集団を構成する企業が集まっている。招商局広場の周囲には蛇口郵輪中心、海上世界、海上世界文化芸術中心、深圳湾游艇会、バーストリートなどが位置する。

蛇口工業区の成立

　19世紀のアヘン戦争の結果、イギリスの植民都市となった香港は、東アジアを代表する都市へと成長していた。沙頭角、羅湖、皇崗、福田といった香港との国境地帯では、香港側

は繁栄しているのに、深圳側では貧しい農村地帯が広がるばかりだった。そして豊かな香港を目指して、深圳湾を泳いで渡って亡命を試みる中国人の姿も、深圳蛇口にはあった。1997年の香港の中国への返還が視界に入るなか、1978年に香港や西側の資本やノウハウをとり入れる改革開放がはじまると、香港に隣接する蛇口に輸出工業地帯もうけられた。その中核をになったのが、洋務運動にさかのぼる歴史をもつ企業の招商局(China Merchants)で、「安価な労働力で工業製品をつくって、海運を使って世界に輸出する」という深圳初期のモデルができあがった(韓国や台湾の輸出加工区を参考にしてつくられた)。そして深圳は世界の工場という地位を確立していった。当初、深圳では人民元よりも香港ドルのほうが通じるほどだったといい、香港に学び、香港に追いつけをスローガンに街は発展していった。

南海意庫／南海意庫★☆☆

北 nán hǎi yì kù　広 naam⁴ hói yi² fu²

なんかいいこ／ナンハァイイイクウ／ナアムホォイイイフウ

改革開放の黎明期にこの地にあった1980年代初頭の工場が転用され、創意産業園として生まれ変わった南海意庫。三洋電機の工場(三洋廠区)を前身とし、製造加工業に従事する人の姿があったが、2005年、クリエイティブ産業、アニメやゲームをテーマとするショップやギャラリーの集まる創意産業園として開館した(21世紀に入ってからの深圳市による文化振興政策を受けて、招商局が投資して建設された)。第2次産業の製造工場を、文化や創造的な産業へ生まれ変わらせるという方針は、都市深圳の産業の成長、変化とも一致していた。この南海意庫では、廃墟となった工場の建物壁面や屋上を緑化したり、ガラスや新たな装飾で生まれ変わらせていて、深圳では華僑城創意文化園(OCT-LOFT)、北京では798芸術区と同様の性格をもつ。

Shen Zhen Wan Kou An
深圳湾口岸城市案内

梧桐山から流れる深圳河は深圳湾にそそぐ
中国広東省と香港をわけたこの湾も
深圳湾跨海大橋がかかって陸路で結ばれている

深圳湾／深圳湾★☆☆

㉜ shēn zhèn wān ㉟ sam¹ jan² waan¹
しんせんわん／シェンチェンワン／サアムザァンワアン

　広東省深圳西部と香港新界のあいだに広がる深圳湾（后海湾）。梧桐山牛尾嶺から流れる深圳河がこの深圳湾にいたり、そこから伶仃洋（珠江）にそそぐ。（珠江に面した前海湾に対して）かつて后海湾の名前で知られたが、1979年以降の深圳の発展とともに深圳湾の名前が定着した。南岸の香港側には米埔自然護理区が広がり、北岸の深圳側は紅樹林のマングローブ地帯から深圳湾公園へといたる。渡り鳥の往来する美しい湿地帯が続き、ちょうど深圳蛇口と香港元朗がこの深圳湾をはさんで対峙するかたちになっている。かつてはこの深圳湾（国境）を泳いでイギリス領香港への亡命を試みる中国人の姿と、それを監視する人民解放軍の姿もあったが、現在は大きくさま変わりした。1979年から蛇口工業区が開発されると、深圳で製造された工業品が蛇口港から深圳湾を通って香港、そして世界へ輸出されるようになった。また1997年以降の香港と深圳の一体感もあいまって、2007年には深圳湾跨海大橋がかけられ、両者は陸路で結ばれるようになった。

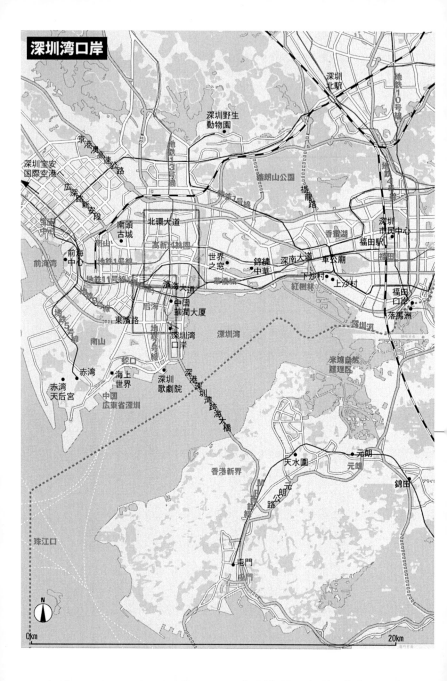

深圳湾口岸／深圳湾口岸 ★☆☆

㋑ shēn zhèn wān kǒu àn ㋐ sam¹ jan² waan¹ háu ngon³
しんせんわんこうがん／シェンチェンファンコウアン／サアムザァンワアンハァウンゴォン

　　深圳湾をはさんで、深圳西部と香港新界西部を結び、「深港西部通道」とも呼ばれる深圳湾口岸。口岸とは税関のおかれた検問所のことで、通常の国家間での国境にあたる。ここ深圳湾口岸は、深圳湾跨海大橋の開通にあわせて2007年に開業し、旅客と貨物の双方をあつかう総合陸路口岸となっている。羅湖口岸や福田口岸に対して、こちらの深圳湾口岸は「深圳西廊」と言われ、バスが深圳蛇口東角頭と香港鰲勘石(天水圍)とのあいだを往来する。

深圳湾跨海大橋／深圳湾跨海大桥 ★★☆

㋑ shēn zhèn wān kuà hǎi dà qiáo ㋐ sam¹ jan² waan¹ kwa² hói daai³ kiu⁴
しんせんわんこかいおおはし／シェンチェンファンクゥアハァイダアチァオ／サアムザァンワアンクワッホォイダアイキィゥ

　　深圳湾(后海湾)を越えて深圳蛇口と香港新界を結ぶ長大な深圳湾跨海大橋(深圳湾公路大橋)。1978年以降の改革開放、1997年の香港返還を受けて、深圳と香港を一体化する機運が高まり、香港返還からちょうど10年目にあたる2007年7月1日にこの橋が開通した。6車線の道路、橋の長さは

5545mで、そのうち深圳側が2040m、香港側が3505mで、深圳政府と香港政府の共同出資で開通した。海上を龍のようにうねりながら走り、橋上からは美しい深圳湾、香港新界の様子が視界に入る。深圳蛇口東角頭と香港鰲勘石(天水圍)を結び、「深港西部通道」ともいう。

深圳歌劇院／深圳歌劇院★☆☆

㋐ shēn zhèn gē jù yuàn ㋭ sam¹ jan² go¹ kek³ yún

しんせんかげきいん／シェンチェンガアジュウユユエン／サアムザァンゴオケッウウン

深圳湾に浮かぶような姿を見せる、深圳の新たな文化芸術の発信拠点の深圳歌劇院(深圳オペラハウス、「海の光」)。深圳湾の埋め立て地に立ち、山、海、川、港に囲まれた豊かな自然をもつ深圳南山の特徴を生かした流線型のデザインをもつ。香港元朗から深圳湾跨海大橋を渡ってきたときには、深圳歌劇院はちょうど玄関(顔)の役割を果たしている。

后海城市案内

羅湖、福田に続く第3の深圳大商圏をつくる
南山区后海、近くに研究拠点やIT企業が集まり
富裕層が多く暮らすのもこのエリアの特徴である

海岸城／海岸城 ★★☆
⑪ hǎi àn chéng ⑫ hói ngon³ sìng⁴
かいがんじょう／ハァイアァンチャアン／ホォインゴォンシィン

　2007年に開業した深圳を代表する大型ショッピング
モールの深圳海岸城(Coastal City)。深圳海岸城(購物中心)は、地
上5階、地下2階で、ファッション、グルメ、ブランド店が入居
する。また高さは100m、24階建ての海岸城写字楼本館と15
階建ての別館、高さ155m、32階建ての海岸城西座写字楼も
そびえ、深圳保利劇院などとともに、あたりは南山商業文化
中心区商圏を形成する。東西の濱海大道、創業路、南北の南
海大道、后海大道、后海濱路という5つの通りが集まる南山
区の中心に位置する。

深圳保利劇院／深圳保利剧院 ★☆☆
⑪ shēn zhèn bǎo lì jù yuàn ⑫ sam¹ jan² bóu lei³ kek³ yún
しんせんほりげきいん／シェンチェンバァオリィイジュウユゥエン／サアムザァンボォオレェイケッユゥン

　演劇や音楽の公演、展覧会が行なわれる文化芸術の発信
地の深圳保利劇院。北京の国家大劇院を彷彿とさせる球形
デザインで、「金蛋(金の卵)」「マウス(ねずみ)」「水滴」といった
愛称をもつ。ガラスのカーテンウォールの外観をもち、劇場
の座席数は1500席、ぜいたくなロビー、ラウンジをそなえ
る。

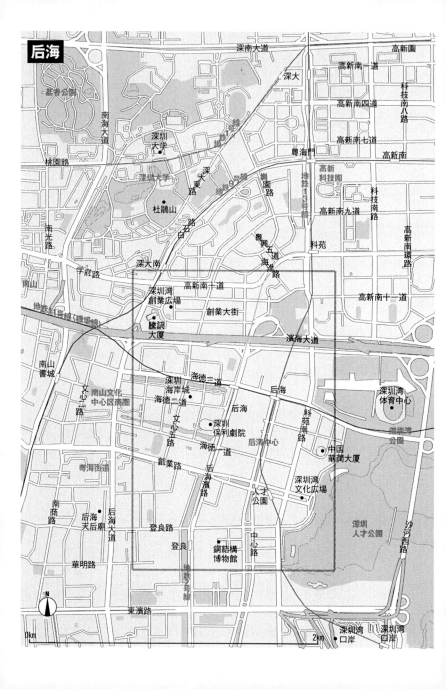

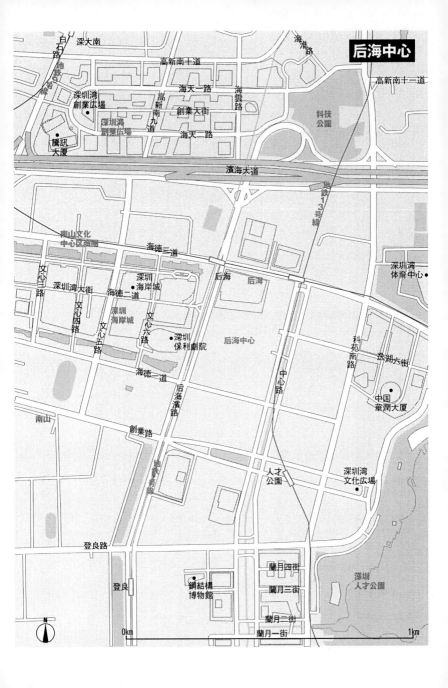

深圳湾文化広場／深圳湾文化广场 ★☆☆

北 shēn zhèn wān wén huà guǎng chǎng　広 sam¹ jan² waan¹ man⁴ fa² gwóng cheung⁴

しんせんわんぶんかひろば／シェンチェンワンウェンフゥアグゥアンチャアン／サアムザァンワアンマァンファアグゥオンチャアン

　　深圳の金融中心地である南山区后海に位置する深圳湾文化広場。深圳湾(深圳人才公園)に向かって伸びる創業路中軸線の端にあたり、深圳創意設計館と深圳科学生活館から構成される。美しい曲線を描く現代建築には、劇場や図書館が入居し、深圳南山の人たちの生活を豊かに彩る。この北館と南館からなる深圳湾文化広場の設計は、馬岩松ひきいるMADアーキテクツによるもの。

中国華潤大厦／中国华润大厦 ★★☆

北 zhōng guó huá rùn dà shà　広 jung¹ gwok² wa⁴ yeun³ daai³ ha³

ちゅうごくかじゅんたいか／チョオングゥオフゥアルゥンダアシャア／ジョオングゥオッワァユゥンダアイハァ

　　深圳市后海に立つ、地上66階建て、地下5階、高さ392.5mの堂々とした高層ビルの中国華潤大厦。円形のプランをもち、先端がとがって、たけのこのようなたたずまいをしてい

るここから「春笋(たけのこ)」の愛称をもつ。華潤集団によって建設され、華潤集団の各企業が入居するオフィス、また銀行、商社、証券会社などが拠点をおく。低層階にはショッピングモールが入居していて、商業、居住、休暇などの機能がひとつの建物に集まっている。2018年に完成し、深圳の新たなランドマークとして知られるようになった。

深圳湾公園／深圳湾公园★☆☆
㉛ shēn zhèn wān gōng yuán　㉔ sam¹ jan² waan¹ gung¹ yun⁴
しんせんわんこうえん／シェンチェンファンゴォンユュエン／サアムザァンワアンゴォンユゥン

　深圳湾(后海湾)にそって逆L字型に展開し、美しい景観が見られる深圳湾公園。福田区から南山区へと続く、長く、細い公園で、幅200〜300mほどのベルト地帯となっている。この海に面した深圳湾公園ではレジャーやレクリエーション、スポーツ、自然体験のできるところが各地にちらばっていて、深圳市民や観光客が朝夕、訪れる。中湾閭海広場、海韻公園、白鷺坡、北湾鷺港、小沙山、追風滑輪公園、流花山公園、彎月山谷、日出露天劇場、潮汐公園、婚慶広場、運動公園などが点在する。

深圳湾体育中心／深圳湾体育中心★☆☆
㉛ shēn zhèn wān tǐ yù zhōng xīn　㉔ sam¹ jan² waan¹ tái yuk³ jung¹ sam¹
しんせんわんたいいくちゅうしん／シェンチェンファンティイユチョオンシィン／サアムザァンワアンタアイヨッジョオンサアム

　深圳湾のほとりに立ち、競技場、体育館、プールなどが集まった複合運動施設の深圳湾体育中心。巨大な白いメッシュ構造の、その姿は「春茧(カイコ)」がイメージされている。競技場の東側は地上から天井まで開いた「落地窓(海之門)」となっていて、深圳湾、そしてその先には香港が見える。

鋼結構博物館／钢结构博物馆 ★☆☆

🄽 gāng jié gòu bó wù guǎn 🄖 gong² git² kau² bok² mat³ gún
こうけつこうはくぶつかん／ガァンジィエゴォウボォウウグゥアン／ゴォンギッカァオボッマッグゥン

　　深圳の建築で多用されている、鋼構造をテーマにした鋼
結構博物館。瀘定橋(四川省)の鉄索、世界貿易センタービル
(ニューヨーク)の鋼鉄部材、ゴールデンゲートブリッジ(サンフ
ランシスコ)、外白渡橋(上海)の部材といった土木構造の展示
が見られる。それらは600点以上になり、半球状のガラスと
鋼構造のエントランスをもつ。

后海天后廟／后海天后庙 ★☆☆

🄽 hòu hǎi tiān hòu miào 🄖 hau³ hói tín¹ hau³ miù³
こうかいてんごうびょう／ホォウハァイティエンホォウミィアオ／ハァオホォイティンハァオミィウ

　　明(1368～1644年)代創建で、海の守り神の天后をまつる后
海天后廟。天后(媽祖)は宋代の福建省に実在した巫女で、そ
の霊験で船乗りたちを救ったことから、中国東南沿岸部の
船乗りや漁師たちの信仰を集めていった。山門からなかに
入ると、儀式を行なった祀亭が中庭に立ち、その奥に天后を
まつる大殿が位置する。この后海天后廟には清の乾隆年間
(1735～95年)の碑文が残されていて、このあたりは荒れた浜
辺であったこと、梁徳懐が后海村の地を所有していたこと、
天后廟の管理人である黄文進が中心となってその土地を買
いとったこと、その後、漁民たちが集まっていたことなどが
記されている。現在の建物は1995年に再建され、幅17.8m、
奥行17.3mの規模、五間二進の建築となっている。当時は后
海天后廟近くまで、海はせまっていたと考えられる。

Gao Xin Ke Ji Yuan
高新科技園城市案内

紅いシリコンバレーとも呼ばれる深圳
2007年、南山区で高新科技園が開園し
ソフトウェアやIT企業が集積している

深南大道／深南大道★☆☆
㊐ shēn nán dà dào ㊋ sam¹ naam¹ daai³ dou³
しんなんだいどう／シェンナァンダアダァオ／サアムナアムダアイドウ

　南山、福田、羅湖の深圳市街の東西をつらぬく全長25.6km
の深南大道。深南とは深圳（羅湖）と南頭（古い時代に行政府のお
かれた）を結ぶことから名づけられ、あたりには摩天楼、福田
の市民広場、華僑城、南山高新科技園などが位置することか
ら、「深圳第一路」とも呼ばれる。1980年、深圳の開発にあわ
せて開通した羅湖蔡屋圍から上歩までの長さ2.1km、幅7m
の通りをはじまりとし、以後1980年〜1994年までに東から
西に向かって伸びていった。それはちょうどこの街の発展
と共通し、深南大道は深圳の歴史そのものを体現してきた
とも言える。

南山高新科技園／南山高新科技園★☆☆
㊐ nán shān gāo xīn kē jì yuán ㊋ naam⁴ saan¹ gou¹ san¹ fo¹ gei³ yun⁴
なんざんこうしんかぎえん／ナァンシャンガァオシィンカアジイユゥエン／ナアムサアンゴウサァンフォオゲイユゥン

　深圳のIT企業やソフトウェア企業が集まり、科学技術、
イノベーション企業の胎動の地となっている南山高新科技
園。羅湖、福田からより西の南山へと開発が進み、この南山
高新科技園が開園した2007年はちょうどインターネットや
スマホ、中国中間層の台頭といった要素が重なった時期で

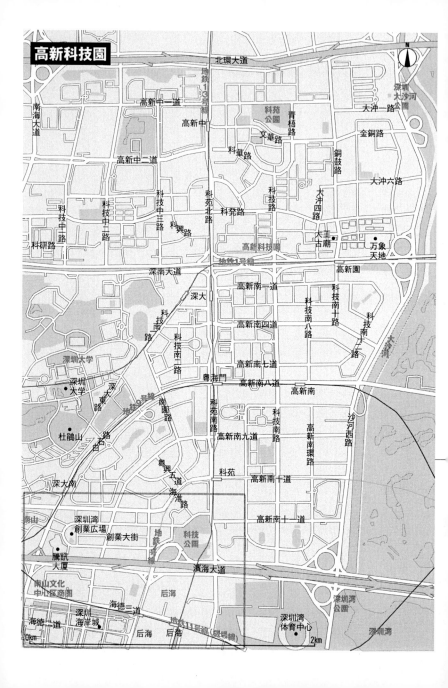

もあった。深圳の発展いちじるしい点、優秀な人材を輩出する研究拠点でもある深圳大学、投資家なども集まっている点などから、起業家精神のある野心的な人にとって、南山高新科技園はビジネスを行なうのにうってつけの場所となっていた。南山高新科技園の2007年の開園は、深圳と香港を結ぶ西部回廊の深圳湾跨海大橋の開通とあわせたものでもあり、「深圳香港30分経済圏」が可能となった（深圳南山区と香港新界は車でわずか15分の距離となった）。

深圳湾創業広場／深圳湾创业广场★☆☆
㊟ shēn zhèn wān chuàng yè guǎng chǎng ㊋ sam¹ jan² waan¹ chong² yip³ gwóng cheung⁴
しんせんわんそうぎょうひろば／シェンチェンワンチュウアンイェグゥアンチャアン／サアムザァンワアンチョオンイッグゥオンチャアン

　「紅いシリコンバレー」の異名をとる深圳のなかでも、若い起業家たちが集まる深圳湾創業広場。2015年に開業し、起業家精神をもったクリエーター、ベンチャー企業、ベンチャーキャピタルが集まる。深圳では若くから起業を目指す者が多く、また高学歴であることを特徴とし、最先端技術の開発が行なわれ、イノベーションが生まれている。深圳湾創業広場のそばには深圳湾創業投資大厦、金融街が位置し、起業への環境がととのっている。

騰訊濱海大厦／騰訊濱海大廈 ★★☆

(北) téng xùn bīn hǎi dà shà **(広)** tang⁴ seun² ban¹ hói daai³ ha³
てんせんとひんかいたいか／テェンシュウンビィンハァイダァアシャア／タァンソォンバアンホォイダアイハア

　深圳、そして中国を代表するIT企業のテンセントが拠点を構える騰訊濱海大廈(Tencent Seafront Towers)。テンセントは1998年、海南省出身で深圳大学出身の馬化騰が創業し、インターネットやスマホの普及とともにゲーム、SNS、メッセンジャーなどのオンラインサービスで世界的な企業へと成長をとげた。この騰訊濱海大廈は、アメリカの設計事務所NBBJによる設計で、2017年に完成した。高さ245.8m、50階建ての南塔と、高さ194.8m、38階建ての北塔の、巨大なふたつの南北の高層ビルからなり、両者は空中3か所でつながっている。上下に伸びる2本の高層ビルと、両者を結ぶ左右の構造物(3〜6階、21〜26階、34〜38階)が建築にリズムと変化をあたえ、そびえる騰訊濱海大廈は、中華イノベーション(創新)の発現地深圳を象徴する光景にあげられる。

深圳大学／深圳大学 ★☆☆

(北) shēn zhèn dà xué **(広)** sam¹ jan² daai³ hok³
しんせんだいがく／シェンチェンダァアシュウエ／サアムザァンダアイホッ

　深圳大学は、この街の発展を支える研究開発拠点として1983年に設立された。設立当初は、当時の深圳の中心であった羅湖から20km離れた自然豊かな地であったが、深圳の開発とともに市街地のなかにとりこまれ、深圳大学の近くに南山高新科技園や深圳湾創業広場がつくられることになった。経済や法律をはじめとする各分野の研究を行ない、深圳の発展に寄与する優秀な人材を輩出してきた(テンセント創業者の馬化騰も深圳大学出身)。低山丘陵が利用された粤海校区と、ここから少し離れた麗湖校区がある。

万象天地／万象天地 ★☆☆

⊕ wàn xiàng tiān dì　⊕ maan³ jeung³ tin¹ dei³

まんしょうてんち／ワンシィアンティエンディイ／マアンジョオンティンデェイ

　人や最新ファッション、雑貨、アート作品などが集まり、街とモールが一体となった万象天地。ファッション、グルメ、文化的な生活の提案のほか、子供のための遊び場やビジネス拠点も抱える複合施設で、深南大道に隣接して立つ。万象天地の建物外観には、巨大な象のオブジェの抱抱象(Bubblecoat elephant)が見られ、万象天地のシンボルとなっている。華潤置地によってつくられ、深圳高新科技園に隣接する。

大涌大王古廟／大涌大王庙 ★☆☆

⊕ dà yǒng dà wáng gǔ miào　⊕ daai³ chung¹ daai³ wong⁴ gú miu³

だいようだいおうこびょう／ダアヨンダアワアングウミィアオ／ダアイチョオンダアイウォングウミィウ

　南山区の周囲にビルが立つなか、ひっそりと残る大涌大王古廟。明(1368～1644年)代の創建と伝わるが、現在の大涌大王古廟は深圳の開発が進むなかの1996年に重建された。南海の神、祝融がまつられていて、そのそばには天后、土地神が姿を見せる。幅15.3m、奥行17.8mの五間の建築で、山門から入ると左右に側殿があり、その奥の大殿へと続く。

后海のランドマーク、高さ392.5mの中国華潤大厦

対岸の香港を視野に、試合が行なわれる

曲線を描く現代美術のような建築が次々に現れた

白い繭がイメージされた深圳湾体育中心

南山南園城市案内

南頭半島にそびえる南山の北麓
高層ビルが立ちならぶ深圳にあって
明清時代より続く城中村が点在する

城中村の世界

　古代の夏殷周、中国文明は黄河中流域に生まれ、華北の西安や洛陽に王朝の都がおかれていた。こうしたなか北方の騎馬民族が中原に侵入すると、漢族は南方に逃れて南京に東晋(317〜420年)を樹立した。以後、漢族は段階的に南遷し、時代や移動のルート、混血度によって異なる、広府人、潮州人、客家人というグループが広東省に暮らしている。深圳では、南宋(1127〜1279年)時代に南遷してきた人たちが、集落を築いたことが確認されている。その後、中国東南部では倭寇の被害をこうむったことから、清初、遷界令(1661〜83年)が出され、荒野となった深圳(宝安県)の地に客家人を移住させる政策がとられた。そのため深圳では、広東語話者の広府人の集落(おもに西部)と、客家語話者の客家人の集落(おもに東部)があった。改革開放の流れを受けて、1979年、深圳に経済特区がおかれると、羅湖や蛇口から市街地は拡大していき、街(城市)が集落(村)をとりこんでいったため、これを「城中村(街のなかの村)」と呼ぶ。城中村には各村ごとに一族の祖先をまつる廟があり、一般的に知られた都市深圳とは異なるこの地域の歴史を感じさせる。南山区には、区名の由来となった南山から南頭古城までのエリアに、南山村、南園村、北頭村、向南村といった城中村が残る。

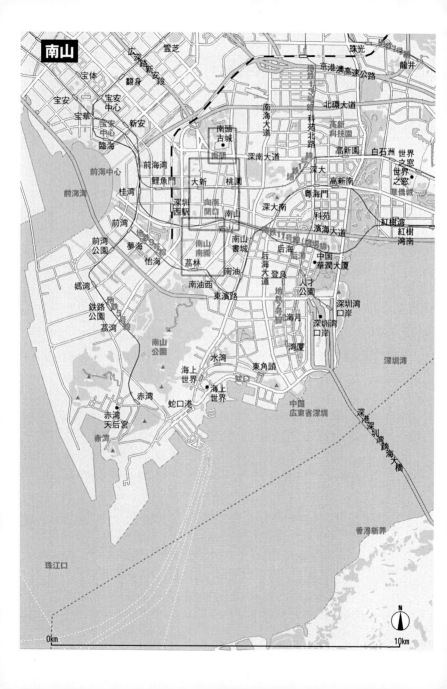

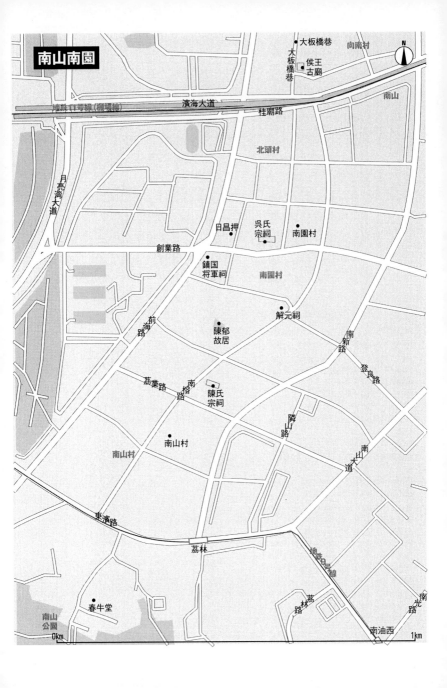

南山村／南山村 ★☆☆

☎ nán shān cūn ⓗ naam⁴ saan¹ chyun¹

なんざんむら／ナンシャアンツゥン／ナアムサアンチュウン

　深圳でもっとも有名な城中村のひとつである南山村(陳屋村)。宋(960～1279年)末、莆田に原籍をもつ陳宋恩は戦乱をさけるため、一族とともに江西省から宝安県(深圳)沙井に遷ってきた。そして元末明初、その子孫の陳韶鳳は南山に遷り、陳屋村を設立し、陳一族が共同で生活を営んでいた。この集落は大南山麓の北側にあったことから、のちに南山村という名前で呼ばれるようになった。かつては海辺の小さな村だったが、20世紀末以降、近代都市へと変貌をとげ、現在は30以上の姓をもつ人たちが暮らしている(かつては陳姓のみの村だった)。こうしたなかでも、黄色の屋根瓦でふかれた牌

楼が立ち、かつての南山村を彷彿とさせる陳氏宗祠や、春牛堂、南山碉楼、南山砲楼などが残っている。

陳氏宗祠／陈氏宗祠★☆☆
⑪ chén shì zōng cí　⑭ chan⁴ si³ jung¹ chi⁴
ちんしそうし／チェンシイゾォンツウ／チャンシイジョオンチイ

　14世紀の元末明初、南山に移住してきて陳屋村(南山村)を設立した陳韶鳳。陳氏宗祠はその子孫たちによって建立され、南山村陳氏の共通の祖先をまつっている(南山の陳一族は陳果、陳文豹といった優秀な文人を輩出してきた)。三間二進の建築は、幅18.37m、奥行32mで、清明節、重陽節などの大きな祭のときには、世界各地から陳氏の子孫がこの廟に集まってくる。

春牛堂／春牛堂★☆☆
⑪ chūn niú táng　⑭ cheun¹ ngau⁴ tong⁴
しゅんぎゅうどう／チュウンニィウタァン／チョオンンガオトォン

　南山北麓の斜面を背に立ち、南山の人たちが祭祀を行なった春牛堂。農耕社会では、毎年、春に農耕を開始して、秋に収穫するという1年のリズムがあった。明清時代、春になると春牛堂では、南頭古城の官吏が儀式を行ない、1年間、風が安定し、適切に雨が降り、五穀豊穣でありますようにと祈った。春牛堂は明(1368〜1644年)代の創建で、現在の建築は清(1616〜1912年)末のものとなっている。幅23m、奥行43mで、前殿、中殿、後殿からなり、海の守り神の天后に捧げられている。

陳郁故居／陈郁故居★☆☆
⑪ chén yù gù jù　⑭ chan⁴ yuk¹ gu² geui¹
ちんいくこきょ／チェンユウグウジュウ／チャアンヨッグウゴオイ

　ここ南山区陳屋村(南山村)で少年時代を過ごし、のちに広東省省長をつとめた陳郁(1901〜74年)の陳郁故居。15歳になった陳郁は、香港に働きに出かけて船の乗組員となり、省

港大罷工で活躍したのち、中国共産党に入党した。この陳郁故居は清朝道光年間(1820〜50年)に建てられ、民国初年(1912年)に改修された。その後、何度も再建され、幅13.2m、奥行15.7mの嶺南建築のたたずまいを見せる。四方を壁で囲まれていて、中庭には陳郁の像が安置されている。

南園村／南园村 ★☆☆
㊗ nán yuán cūn ㊙ naam⁴ yun⁴ chyun¹
なんえんむら／ナァンユゥエンツゥン／ナアムユゥンチュゥン

深圳南園村は、南宋(1127〜1279年)末から元初にかけて南山の麓に移住してきた呉一族によって開村された。もともとの名前を呉屋村といい、客家ではなく、広東人の広府園村だった。明代に村の共通の祖先をまつる呉氏宗祠が建てられ、周囲は塀で囲まれて8つの門がそなえられていた。城壁、住居、質屋、祖霊堂、ガジュマルの古木などが現在も残っている。

解元祠／解元祠 ★☆☆
㊗ jiè yuán cí ㊙ gáai yun⁴ chi⁴
かいげんし／ジィエユゥエンツゥ／ガアイユゥンチイ

南園村の出身で、明代、科挙郷試で解元(首席合格者)となった呉国光をまつる解元祠。呉国光は清廉潔白な官吏として親しまれ、深圳の歴史を記録した『新安県誌』を編纂したことでも知られる(現在、この地方誌によって明清時代の深圳と香港の様子を知ることができる)。解元祠は幅11.96m、奥行17.4mの三間二進の嶺南建築で、明代に建てられ、清代、民国時代というように何度も修建されている。2013年に再建されたあと、南山における教育を紹介する「明清教育展」を展示するようになった。

呉氏宗祠／吴氏宗祠★☆☆
㊩ wú shì zōng cí ㊨ ng⁴ si³ jung¹ chi⁴
ごしそうし／ウウシイゾォンツウ／ングシイジョオンチイ

　南園村に残る明代創建の祠堂建築で、清代に重建された呉氏宗祠。南宋末から元初以来、南山の麓のこの地に暮らす呉一族の共通の祖先をまつり、ここで祭祀が行なわれてきた。幅13.5m、奥行52m、三間三進のプランをもつ伝統的な嶺南建築で、障壁からなかに入ると、前堂、中堂、後堂と続く。

日昌押／日昌押★☆☆
㊩ rì chāng yā ㊨ yat³ cheung¹ aat²
にっしょうおう／リイチャアンヤア／ヤッチョオンアァット

　「押」とはものをあずける代わりにお金を借りる質屋のことで、日昌押は南園村の質屋(金融機関)だった。南園村には日安押と日昌押というふたつの質屋があり、この村で暮らす人たちの生活に密接に関わっていた。日昌押は幅2mほどの狭い路地の正一坊街に位置し、正方形のプランをもつ5〜6階建ての建物は、かつての砲楼を前身とする。まるで金品を守る要塞のようなたたずまいをしていて、店舗は1階にあった。

鎮国将軍祠／镇国将军祠★☆☆
㊩ zhèn guó jiāng jūn cí ㊨ jan² gwok² jeung¹ gwan¹ chi⁴
ちんこくしょうぐんし／チェングゥオジィアンジュゥンツウ／ザァングゥオッジャアングヮンチイ

　宋の哲宗年間(1085〜1100年)、雨乞いの功があり、死後、鎮国将軍に任じられた呉応雷をまつる鎮国将軍祠。呉応雷は広東省増城県の人で、南園村の呉姓の祖先とされる。清代の1870年に建てられ、村の守り神として信仰されていたが、やがて荒廃し、1950年代に破壊された。1985年、この鎮国将軍祠があった場所に南園紀念館が開館し、その後、1990年代に、(南園村呉一族の子孫である)香港の呉氏が80万元を寄付して将軍鎮国祖廟を再建し、2000年に完成した。三間三進の嶺

南建築は、幅15m、奥行19mの規模で、将軍の誕生日(旧暦8月8日)には爆竹を鳴らし、劇を演じて一族の繁栄を祝った。

向南関口城市案内

南山北麓の南山村、南園村から続く
深圳南山区の城中村群
新しさのなかにも伝統が残る

侯王古廟／侯王古庙★☆☆

⊕ hóu wáng gǔ miào ⊕ hau⁴ wong⁴ gú miu³
こうおうこびょう／ホォウワァングウミィアオ／ハァオウォングウミィウ

　鄭氏の暮らす向南村の守護神である侯王をまつった侯王古廟。侯王とは明末十二諸侯の陳忠勇のことで、平民出身で民衆につくして将軍になった。ここはかつて前海湾に近く、侯王古廟のすぐ前には海が広がっていたという。そして向南村の鄭一族が、海に出て魚を捕るとき、「天候に恵まれ、安全でありますように」とこの廟で祈った。家屋がすべて南向きだったことから、向南村という名前があり、侯王の誕生日では侯王古廟前で獅子舞が出て祭祀を盛りあげる。

大板橋巷／大板桥巷★☆☆

⊕ dà bǎn qiáo xiàng ⊕ daai³ báan kiu⁴ hong³
だいはんきょうこう／ダアバアンチアオシィアン／ダアイバアンキィウホォン

　向南村の西側を南北に走り、庶民の暮らしぶりが見られる路地の大板橋巷。肉や野菜、果物を売る店がならび、買いもの客が訪れる市場で、昔ながらの街並みが続く。この大板橋巷にはいつ建てられたか、わからない古い橋(大板橋)が残っていて、清初の1688年にはその存在が確認されている。長さ17.4m、幅3.8〜4.2m、高さ4mの石拱橋で、石の欄干をもつ。

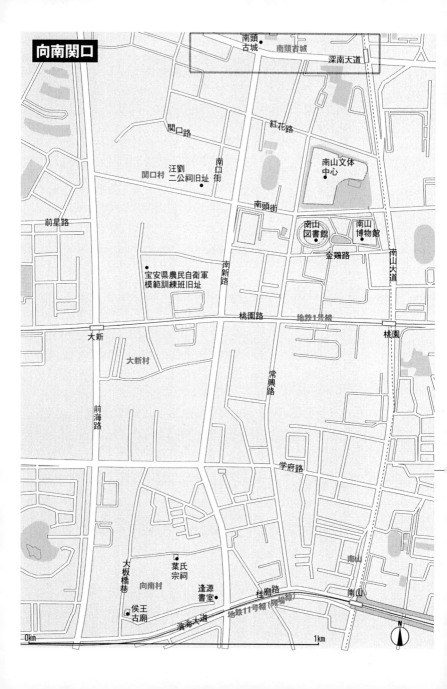

逢源書室／逢源书室 ★☆☆

⑫ féng yuán shū shì ⑱ fung⁴ yun⁴ syu¹ sat¹
ほうげんしょしつ／フォンユゥエンシュウシイ／フォンユゥンシュウサッ

　　中華民国時代の1923年創建で、書物を読み、教育をほどこす場であった逢源書室。幅、奥行ともに12mの正方形の平面プランをもち、中国と西欧様式の融合した2階建て建築となっている。入口には「逢源書室」の扁額がかかり、なかには灰塑(彫刻)による人物の故事、八卦図案など、伝統的な嶺南地方の工芸や装飾が見られる。

葉氏宗祠／叶氏宗祠 ★☆☆

⑫ yè shì zōng cí ⑱ yip³ si³ jung¹ chi⁴
ようしそうし／イエシイゾォンツウ／イッシイジョオンチイ

　　大新墩頭村に残る、葉氏一族の共通の祖先をまつる葉氏宗祠。明代創建で、清代の1885年に重修され、中庭をもつ幅12.2m、奥行32.4mの祠堂建築となっている。葉氏の一族は河南省南陽を出自とし、その家系図が葉氏宗祠内の壁にかけられている。政治家、軍人の葉剣英(1897～1986年)もこの一族から出ている。

★★★
南頭古城 (新安故城)／南头古城 (新安故城)　ナァントォウグウチァン／ナアムタァウグウセェン
★★☆
南山／南山 ナンシャアン／ナアムサアン
★☆☆
大板橋巷／大板桥巷 ダアバアンチアオシィアン／ダアイバアンキィウホォン
逢源書室／逢源书室 フォンユゥエンシュウシイ／フォンユゥンシュウサッ
葉氏宗祠／叶氏宗祠 イエシイゾォンツウ／イッシイジョオンチイ
南山文体中心／南山文体中心 ナァンシャンウェンティイチョオンシィン／ナアムサアンマンタアイジョオンサアム
南山博物館／南山博物馆 ナァンシャンボォウウグウアン／ナアムサアンボッマァグウン
汪劉二公祠旧址／汪刘二公祠旧址 ワァンリィウアアゴォンツウジイチイ／ウォンラァオイイゴォンチイガウジイ
宝安県農民自衛軍模範訓練班旧址／宝安县农民自卫军模范训练班旧址 バァオアァンシィエンノォンミィンズウウェイジュンモオファンシュンリィエンパァンジイチイ／ボォウアンノォンマンジイファイグウアンモオファアンファンリィンバアンガァオジイ
深南大道／深南大道 シェンナァンダアダアオ／サアムナアムダアイドォウ

南山文体中心／南山文体中心 ★☆☆

🅟 nán shān wén tǐ zhōng xīn　🅖 naam⁴ saan¹ man⁴ tái jung¹ sam¹

なんざんぶんたいちゅうしん／ナンシャンウェンティイチョオンシン／ナアムサアンマァンタアイジョオンサアム

　文化とスポーツ事業、イベントを行なう複合施設の南山文体中心。プール、体育館、劇場からなり、1400席の大劇場、300席の小劇場を擁する。劇場ではオペラ、演劇、交響楽、歌劇などが演じられる。変形三角形のプランをもつこの南山文体中心、四角形の南山博物館、円形の南山図書館とともに南山の文化地区を構成する。2014年に完成した。

南山博物館／南山博物馆 ★☆☆

🅟 nán shān bó wù guǎn　🅖 naam⁴ saan¹ bok² mat³ gún

なんざんはくぶつかん／ナンシャンボオウウグゥアン／ナアムサアンボッマッグゥン

　深圳南山の歴史と文化にまつわる展示、南山区で発掘された文物の収集、研究を行なう南山博物館。「古代南山」「近代南山」「南山改革開放史」というように南山区を概観し、海のシルクロードに関するものも見られる。南山大道に面し、あたりには南山図書館、南山文体中心が集まっている。

汪劉二公祠旧址／汪刘二公祠旧址 ★☆☆

🅟 wāng liú èr gōng cí jiù zhǐ　🅖 wong¹ lau⁴ yi³ gung¹ chi⁴ gau³ ji

おうりゅうにこうしきゅうし／ワンリィウアアゴォンツウジィウチイ／ウォンラァオイイゴォンチイガウジイ

　深圳南山区の貢献者である汪鋐(1466～1536年)と劉稔(1518～1575年)のふたりをまつった汪劉二公祠旧址。1516年、珠江デルタに侵入したポルトガル人は、屯門港、深圳南山へと進出していた。1523年、汪鋐は軍民をひきいて、ポルトガル人に勝利し、7年ぶりに屯門港をとりかえした。一方、劉稔は倭寇対策の城塞のあったこの地を巡回して民情を調べ、県の設立を上奏し、1573年、南頭古城の場所に新安県がおかれることになった(新安故城)。汪劉二公祠は明の万暦年間(1573～1619年)に建てられ、清代に重修されている(日中戦争時期に破壊をこうむった)。深圳南山関口正街の象徴的建築であったが、

破壊をこうむった。このふたりは現在の南山区(南頭古城)の礎を築いた人物として知られている。

宝安県農民自衛軍模範訓練班旧址(鄭氏宗祠)／
宝安县农民自卫军模范训练班旧址★☆☆

㉜ bǎo ān xiàn nóng mín zì wèi jūn mó fàn xùn liàn bān jiù zhǐ ㉟ bóu on¹ yun³ nung⁴ man⁴ ji³ wai³ gwan¹ mou⁴ faan³ fan² lin³ baan¹ gau³ ji

ほうあんけんのうみんじえいぐんもはんくんれんはんきゅうし／バァオアァンシィエンノォンミィンズウェイジュンモオファンシュンリィエンバァンジィウチイ／ボォウオンユゥンノォンマンジイワァイグゥアンモォウファアンファンリィンバアンガァオジイ

　南頭街道に残る鄭氏宗祠が利用された宝安県農民自衛軍模範訓練班旧址。第一次国共合作時の1924年、黄学増、龍乃武が宝安県に派遣され、農民運動が展開された。1925年に宝安県農民協会、1926年に第一届中共宝安県委が設立され、南頭古城近くの鄭氏宗祠がその拠点となっていた(第一次国共合作後の1927〜28年に三度の蜂起が行なわれた)。鄭氏宗祠は南頭の鄭氏一族によるもので、明代に創建され、幅11.2m、奥行32mの三間二進の建築となっている。現在の宝安農民自衛軍模範訓練班旧址は、かつての場所から100mほど離れて再建されている。

南山公園から見る市街地の様子

こちらは南山博物館、キューブ状の建築

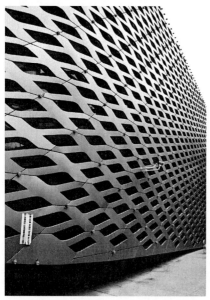
南山文体中心の壁面

南山区の公共建築が集まる、南山文体中心

Nan Tou Gu Cheng
南頭古城城市案内

**331年に宝安県がおかれて以来
長いあいだ深圳と香港を管轄した南頭古城
深港文化之根と呼ばれる**

南頭古城（新安故城）／南头古城（新安故城）★★★
㉿ nán tóu gǔ chéng ㉿ naam⁴ tau⁴ gú sing⁴
なんとうこじょう（しんあんこじょう）／ナァントォウグウチャアン／ナアムタァウグウセェン

　深圳の発祥の地であり、長らく宝安県（珠江河口部東岸）の政治、経済、文化の中心だった南頭古城（新安故城）。この地は漢代から塩の集散地で、東晋の331年におかれた東官郡に南頭古城の歴史ははじまり、隋代の589年、宝安県が南頭古城に設置され、続いて736年、屯門軍鎮となって2000人の軍人が駐屯した（757年、宝安県は東莞莞城に遷った）。宝安県の領域は、香港、深圳、東莞から、広いときには対岸のマカオ、珠海、中山にまでおよんだ。現在の南頭古城は、明の1394年に建てられた東莞守御千戸所（所城）を前身とし、同年創建の大鵬所城とともに倭寇対策の前線基地であった。こうしたなか1557年にマカオを獲得したポルトガルなどの海防上の脅威にそなえて、1572年、劉穏（1518〜1575年）が南頭により上位の行政単位である「県」の設置を上奏し、翌1573年、朝廷は南頭古城に県をおくことを決めた。そして「革故鼎新、転危為安（古いものを新しいものに変え、危機を平和に変える）」という意味から、新安県と名づけられた。明清時代の新安県（深圳）は、塩、稲米、茶葉、香料、漁猟などが主要産業だったという。この新安県は現在の香港と深圳全域を管轄したが、清朝に抵抗した鄭成功の勢力を排除するため、沿岸部の住人を強制移住させる遷界

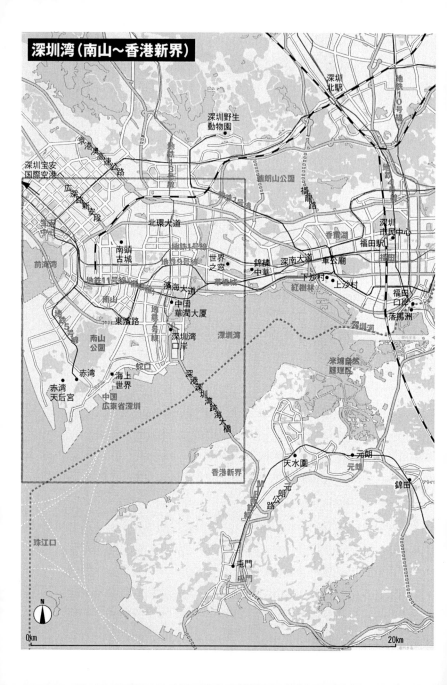

深圳湾（南山〜香港新界）

深圳北駅

地鉄10号線

深圳野生
動物園

京港澳高速公路

地鉄13号線

深圳宝安
国際空港へ

広深路新安段

羊台山中

南頭
古城

北環大道

福龍路

地鉄12号線

羊台山公園

福龍湖

深圳
市民中心

香蜜湖

福田駅

世界
之窓

錦繍
中華

深南大道

車公廟

福田

前海湾

地鉄11号線

漁海大道

深港西部線

下沙村

上沙村

南山

中国
華潤大厦

紅樹林

福田
口岸

東濱路

深圳東部線

深圳湾

地鉄5号線

落馬洲

南山
公園

深圳湾
口岸

米埔自然
保護区

赤湾

蛇口

海上
世界

深圳湾深港海大橋

赤湾
天后宮

中国
広東省深圳

元朗

天水圍

元崗

元朗

錦田

香港新界

屯門公路

元朗公路

珠江口

屯門

N

0km   20km

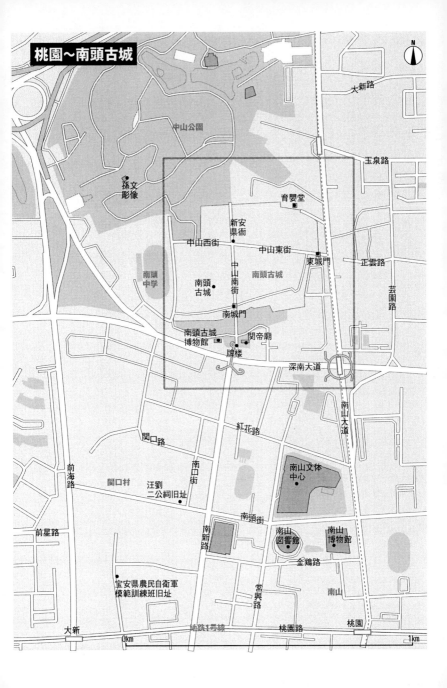

令が1661年に出されると、新安県の住民の3分の2が内陸部に遷り、新安県は荒野となった。1683年、遷界令が解除されると、新安県の空いた土地に山間の客家人を移住させる政策がとられ、広東人が深圳西部に、客家人が深圳東部に分布する構造ができた。1840〜42年のアヘン戦争以後、広東省新安県の香港島がイギリスに割譲され、続いて九龍半島、新界もイギリス領香港のものとなった。1911年の辛亥革命で清朝が打倒されたあとの1914年、同じ名前をもつ河南省洛陽市の新安県との混同を避けるために、再び宝安県と改称された。1911年の九広鉄路の開通によって、南頭古城の地位は相対的にさがり、解放後の1953年、深圳の中心は羅湖に遷った。改革開放路線による1979年からの急速な深圳の発展を受けて、農村地帯から世界的な都市へ変貌をとげるなか、4世紀からの歴史をもつ南頭古城が注目され、もとからあった街区が新しく整備されて現在にいたる。

★★★
南頭古城（新安故城）／南头古城（新安故城）ナァントゥグウチァアン／ナアムタァウグウセェン
海上世界／海上世界 ハイシャアンシイジィエ／ホォイソォオンサァイガアイ

★★☆
南山／南山 ナァンシャアン／ナアムサァン
赤湾天后宮／赤湾天后宫 チイワァンティエンホォウゴォン／チェッワアンティンハァオゴォン
深圳湾跨海大橋／深圳湾跨海大桥 シェンチェンワンクゥアハァイダアチィアオ／サアムザァンワアンクワッホォイダアイキィウ
中国華潤大厦／中国华润大厦 チョオングゥオフゥアルゥンダアシャア／ジョオングゥオッワァユゥンダアイハァ

★☆☆
南頭古城博物館／南头古城博物馆 ナァントゥグウチャアンボオウウグゥアン／ナアムタァウグウセェンボッマッグウン
関帝廟／关帝庙 グゥアンディミィアオ／グゥアンダァイミィウ
南城門／南城门 ナァンチャアンメェン／ナアムセェンムン
新安県衙／新安县衙 シィンアンシィエンヤア／サァンオンユゥンンガァ
育嬰堂／育婴堂 ユウインタアン／ヨォイイントォン
南山文体中心／南山文体中心 ナァンシャンウェンティイチョオンシン／ナアムサアンマンタアイジョオンサアム
南山博物館／南山博物馆 ナァンシャンボオウウグゥアン／ナアムサアンボッマッグウン
汪劉二公祠旧址／汪刘二公祠旧址 ワァンリィウアアゴォンツゥジィウチイ／ウォンラァオイイゴォンチイガウジイ
宝安県農民自衛軍模範訓練班旧址／宝安县农民自卫军模范训练班旧址 バァオアアンシィエンノォンミンズゥウェイジュンモオフゥアンシュンリィエンバァンジィウチイ／ボォウオンユゥンノォンマンジィワァイグゥアンモォウフゥアアンファンリィンバアンガァオジイ
深圳市野生動物園／深圳市野生动物园 シェンチェンシイイエシェンドォンウウユゥエン／サアムザァンシイイエサアンドォンマッユゥン
深圳北駅／深圳北站 シェンチェンベェイチァアン／サアムザァンバッザアム

南頭古城の構成

　南頭古城(新安故城)は、東西680m、南北500mの不規則の長方形で、周囲は土(黄泥沙土)の城壁で囲まれていた。明清時代の城内は、県前街、顕寧街、永盈街、聚秀街、和陽街、迎恩街、五通街、牌楼街、新街といった六縦、三横の九条の通りが走り、東西南北に城門が配置されていた。現在の南頭古城は、入口付近の南城門広場に新安故城牌楼、南頭古城博物館、関帝廟が立ち、南城門が堂々とした姿を見せる。内部は南城門から北に向かって中山南街が伸び、そこに南頭1820数字展庁、新安烟館、東莞会館がならんでいる。中山南街と中山東街、中山西街の交差する古城の中心に新安県衙、報徳祠が立ち、そこから東門へ走る中山東街に信国公文氏祠が位置する。2020年に南頭古城は修建され、北坊、南門、中匯、西集、東廊(歴史懐旧区、芸術文化体験区、品質生活区、文化創意区)というようにエリアごとに特色をもつ街並みをもつようになった。また南頭古城に隣接する南頭中学は、1801年創建の鳳崗書院を前身とする。

南頭古城博物館／南头古城博物馆★☆☆

🅝 nán tóu gǔ chéng bó wù guǎn　🅗 naam⁴ tau⁴ gú sing⁴ bok² mat³ gún

なんとうこじょうはくぶつかん／ナァントォウグウチャアンボオウウグゥアン／ナアムタァウグウセェンボッマッグウン

　明清時代以前から深圳、香港をふくむ宝安県の行政府がおかれた、南頭古城の歴史や文化を紹介する南頭古城博物館。「南頭古城歴史陳列展」では、深圳の歴史、深圳と香港の文化の起源、明清時代の南頭古城の様子などを紹介する。なかには明代に使われた醤油缶、清代の大砲なども見られる。2004年に開館した。

関帝廟／关帝庙 ★☆☆

🀄 guān dì miào　🀄 gwaan¹ dai² miu³
かんていびょう／グゥアンディイミィアオ／グゥアンダァイミィウ

　南頭古城の南城門外に立つ、『三国志』の関羽をまつった
関帝廟。明万暦年間の1612年、参将の張万紀によって建て
られ、武神として南頭古城を守る役割を果たしていた。現存
する建築は清代中期のもので、三間二進、幅13m、奥行25.3m
の規模、前殿、左右廊、後殿からなる。かつては教場演武庁、
民国時代に宝安県議会に使われていたことがあり、1997年
に重修された。

海防公署／海防公署 ★☆☆

🀄 hǎi fáng gōng shǔ　🀄 hói fong⁴ gung¹ chyu,
かいぼうこうしょ／ハイファンゴォンシゥウ／ホイフォンゴォンチゥウ

　南城門外のすぐそばに立ち、海軍の軍事司令部がおかれ
ていた海防公署。1557年にマカオを獲得するポルトガルは、
その40年前の1516年に珠江デルタに侵入し、屯門港を占
領、南頭半島を荒らしていた。この海防公署は、1520年、広
東海道副使の汪鋐(1466〜1536年)によって建てられ、珠江河
口部にめぐらされた砲台や防衛戦の司令塔の役割を果たし
ていた。1523年、汪鋐にひきいられた軍民はポルトガル人
に勝利し、7年ぶりに屯門港を奪還した。またこの海防公署
は、清代のアヘン戦争(1840〜42年)時に海軍の司令部となり、
イギリス軍と対峙した。

南城門／南城门 ★☆☆

🀄 nán chéng mén　🀄 naam⁴ sing⁴ mun⁴
なんじょうもん／ナァンチァンメェン／ナアムセェンムン

　明代の1573年に県(新安県)に昇格した南頭古城の正門
にあたった南城門(南門)。南頭古城の東西南北にあった城
門のなかで、この南城門は古くからの姿を残している。幅
11.72m、高さ4.4m(洞穴は幅2.8m、長さ11m、高さ3.3m)で、南城門

東晋の331年以来の歴史をもつ南頭古城

深圳以前の深圳、宝安県の都がここにあった

富强　民主　文明　和谐　自由　平等　公正　法

[粤剧]

韵

粤剧
原称大戏或者广东大戏，
源自南戏，
自公元1368年—1586年
（明嘉靖年间）开始生于广东、广西出现。
是揉合唱做念打，
乐师配乐、戏台服饰、
抽象形体等等的表演艺术。
粤剧每一个行当都有各自独特的服饰打扮。

嶺南で育まれた粤劇の役者

深南大道に面して立つ南頭古城博物館

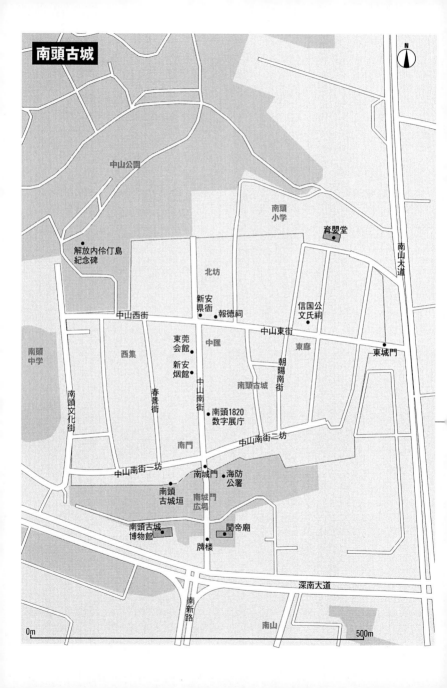

のうえに「寧南」の扁額がかかげられている。南城門前は南城門広場となっていて、新安故城牌楼が立つ。

新安烟館／新安烟馆★☆☆

㉺ xīn ân yân guǎn ㉭ san¹ on¹ yin¹ gún
しんあんえんかん／シィンアァンイェングゥアン／サァンオンイィングゥン

　南頭古城(新安県)の目抜き通りである中山南街に立つ新安烟館。清末(19世紀)、イギリスは中国茶を輸入して出た赤字(銀の流出)を埋めるため、インド産アヘンを輸出して相殺しようとした。そして麻薬アヘンは当時、唯一の貿易港であった広州を中心に中国各地に広がり、南頭古城(新安県)にもアヘンを吸引するための新安烟館があった。ここ新安烟館は、「烟＝煙を吸う館」の鴉片烟館を前身とし、アヘン戦争の歴史、清朝の敗北、香港の割譲にいたるまでを紹介するアヘン戦争紀念展となっている。1840〜42年のアヘン戦争と1856〜60年のアロー戦争(第2次アヘン戦争)をへて、清朝の弱体は決定的となり、その半世紀後に清朝は滅亡した。

★★★
南頭古城 (新安故城)／南头古城〔新安故城〕 ナァントォウグゥチァアン／ナアムタァウグゥセェン

★★☆
南山／南山 ナンシャアン／ナアムサアン

★☆☆
南頭古城博物館／南头古城博物馆 ナァントォウグゥチァアンボオウグゥアン／ナアムタァウグゥセェンボッマッグウン
関帝廟／关帝庙 グゥアンディミィアオ／グゥアンダァイミィウ
海防公署／海防公署 ハァイファンゴォンシュウ／ホォイフォンゴォンチュウ
南城門／南城门 ナァンチャアンメェン／ナアムセェンムン
新安烟館／新安烟馆 シィンアァンイェングゥアン／サァンオンイィングゥン
東莞会館／东莞会馆 ドォングゥアンフゥイグゥアン／ドォンゴォンウイグゥン
新安県衙／新安县衙 シィンアァンシィエンヤア／サァンオンユゥンンガァ
報徳祠／报德祠 バァオダアツゥ／ボォウダッチイ
信国公文氏祠／信国公文氏祠 シィングゥオゴォンウェンシイツゥ／ソォングゥオッゴォンマンシイチイ
育嬰堂／育婴堂 ユウインタァン／ヨッイィントォン
解放内伶仃島紀念碑／解放内伶仃岛纪念碑 ジィエファンネェイリィンディンダアオジニィエンベェイ／ガアイフォンノォイリィンディンドォウゲエイニィムベェイ
深南大道／深南大道 シェンナァンダアダアオ／サアムナアムダアイドォウ

東莞会館／东莞会馆★☆☆

北 dōng guǎn huì guǎn 広 dung¹ gun¹ wui³ gún

どんがんかいかん／ドォングゥアンフゥイグゥアン／ドォンゴォンウイグゥン

　南頭古城の中央部に残る、商人たちが集まった東莞会館。清朝末期の1868年に東莞商人が新安県に設立した会館であり、宝安公所ともいった。東莞商人は北京をはじめとして中国各地に会館を築き、それらは同郷の人たちの集う互助組織という役割を果たしていた。幅11m、奥行24.5mの規模、中庭をもつ三間二進の建築で、内部に東莞会館が設立されたときの4つの石碑が残っている。

新安県衙／新安县衙★☆☆

北 xīn ān xiàn yá 広 san¹ on¹ yun³ nga⁴

しんあんけんが／シィンアァンシィエンヤア／サァンオンユゥンンガァ

　南頭古城(深圳)のちょうど中心に位置し、県城の中心建築であり、行政府でもあった新安県衙。塩と鉄を国家の専売とした漢の武帝(紀元前140〜前87年)は、官吏を深圳南頭に派遣し、塩の管理にあたった。東晋の331年、南頭古城に東官郡がおかれ、その後、三国時代にも塩の官吏が派遣されて、珠江河口東岸の統治拠点となっていた。唐宋元時代には海のシルクロードの海上交易の要衝となり、明初には倭寇対策の軍事要塞という性格だった。明代の1573年、再び、深圳香港地区に県がおかれて新安県と名づけられ、ここ新安県衙は官吏の勤務する行政府として機能した。新安県という県名は、1913年にもとの宝安県に戻り、1953年、九広鉄路の通る深圳墟に行政府は遷された。明清時代から20世紀にかけて380年のあいだ、この場所が深圳政治の舞台となっていて、現在、新安県衙には清朝官吏の人形の展示、南頭古城(深圳)にまつわる展示が見られる。

報徳祠／报德祠 ★☆☆

北 bào dé cí 広 bou² dak¹ chi⁴
ほうとくし／バァオダアツウ／ボウダッチイ

　新安県衙に隣接し、清代に政令を発する場所であった報徳祠。清の康熙年間(1662〜1722年)、広東巡撫王来任と両広総督周有徳を記念して建てられたという。当初、巡撫祠と呼ばれたが、その後、報徳祠となった。入口には「報徳」の文言が見える。

信国公文氏祠／信国公文氏祠 ★☆☆

北 xìn guó gōng wén shì cí 広 seun² gwok² gung¹ man⁴ si³ chi⁴
しんこくこうぶんしし／シィングゥオゴオンウェンシイツウ／ソォングゥオッゴオンマンシイチイ

　南宋の都杭州が陥落したあとも、最後までモンゴル軍と戦った愛国の英雄、文天祥(1236〜82年)をまつった信国公文氏祠。南宋皇室は広東省崖山まで落ち延びてきて、そこで滅亡し、深圳には皇帝趙昺(1271〜79年)の眠る宋少帝陵が残っている。南頭古城の信国公文氏祠は幅11.5m、奥行34.5m、三間三進で四周は壁でおおわれている。いつ建てられたのかはわかっていないが、清朝末期の1807年に重修され、その後、1995年に再建された。信国公とは、文天祥に授けられた官位をさす。

育嬰堂／育嬰堂 ★☆☆

北 yù yīng táng 広 yuk³ ying¹ tong⁴
いくえいどう／ユウィンタァン／ヨッイイントォン

　1913年、イタリアのキリスト教宣教師によって建てられたキリスト教の育嬰堂(天主教深圳聖保禄堂)。凹字型プランに両翼をもつゴシック式の2層からなる建築で、ローマ式の走廊が見える。南頭小学に隣接し、孤児院(育嬰堂)として使われてきた。

解放内伶仃島紀念碑／解放内伶仃岛纪念碑★☆☆

⊕ jiě fàng nèi líng dīng dǎo jì niàn bēi ⑤ gáai fong² noi³ ling⁴ ding¹ dóu géi nim³ bei¹

かいほうないれいていとうきねんひ／ジィエファンネェイリィンディンダァオジイニィエンベェイ／ガアイフォンノォイ
リィンディンドオウゲエイニィムベェイ

　　中華人民共和国設立時期の1950年、内伶仃島の戦いで生
命を落とした兵士をまつる解放内伶仃島紀念碑（内伶仃島は深
圳南頭半島の珠江口に浮かぶ）。1950年に建てられ、当初、南頭古
城の東校場にあったが、1995年に中山公園に遷された。犠
牲になった人民解放軍の兵士が眠る、高さ12mほどの紀念
碑となっている。

精緻な透かし彫りと絵画が見える

アーチ状の南城門、明代の1394年に建てられた

南頭古城は深圳と香港の歴史的起源

関帝廟に飾られていた劉備、関羽、張飛の義兄弟像

Qian Hai
前海城市案内

深圳の開発は西へ西へ進み
伶仃洋(珠江)にのぞむ前海湾に達した
超高層ビルが林立する前海中心

前海中心／前海中心 ★★☆

⑪ qián hǎi zhōng xīn ⑭ chìn⁴ hói jung¹ sam¹

ぜんかいちゅうしん／チィエンハァイチョオンシィン／チィンホォイジョオンサァム

　　南頭半島は三方を海に囲まれていて、伶仃洋(珠江口)側を「前海湾」、深圳湾側を「后海湾(後海湾)」と呼ぶ。前海中心は深圳市街最西部にあたる副都心で、1979年に羅湖からはじまって福田中央商務区が舞台となった深圳の開発も、さらに西の南山后海湾、前海湾へと遷ったことを意味した。2007年には前海湾の開発が決まって、福田中心と前海中心からなる双城市中心(ふたつの核をもつ深圳)構想のもと計画が進められた。前海中心はちょうど南山区と宝安区にまたがっていて、半円形の大鏟湾(前海湾)にそって街区が展開する。南山区と宝安区双方にまたがった、大南山の西、小南山の北がその核心エリアであり、多くの企業が集まる金融センター、ビジネス拠点として注目されている。前海湾にのぞんで大きな観覧車の「湾区之光(前海湾摩天輪)」が立ち、海上歌劇院の「深圳之声」、宝安区図書館、青少年宮などの文化施設も集まる。深圳と世界を結ぶ空の玄関口、深圳宝安国際空港へのアクセスがよいという地の利をもつ。

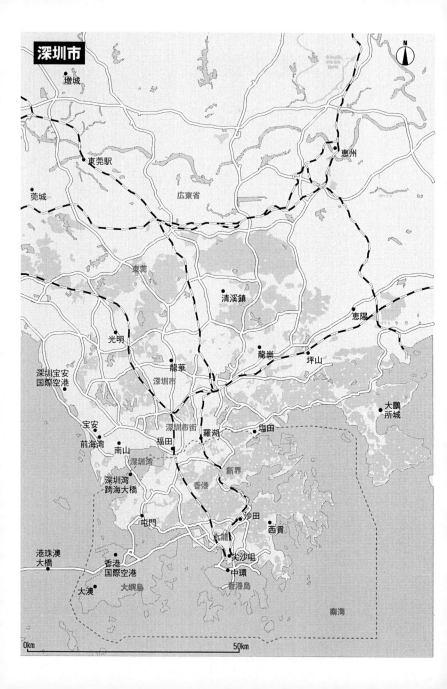

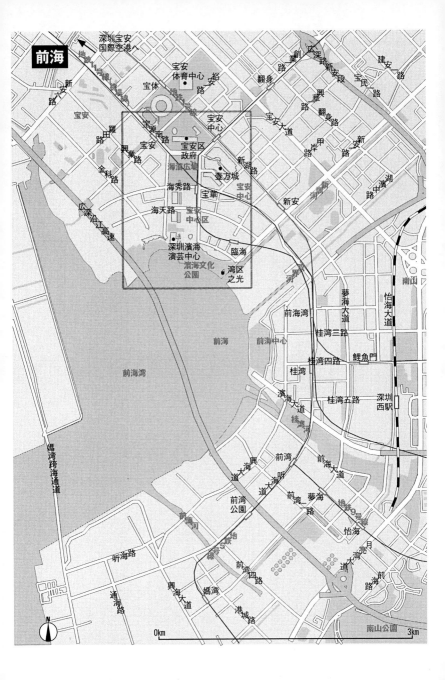

前海

深圳宝安
国際空港

宝安
体育中心
宝体
裕安路

翻身路

新安段
宝民路
建安一路

新文路

翻身路
翠華路

宝安大道

甲岸路

湖浜中路

新安路

羅田路

興業路

金科路

宝源南路

宝安

宝安区
政府

海濱広場

壹方城

宝華

新湖中心

宝安中心区

海秀路

海天路

宝安中心

新安

広深沿江高速

深圳濱海
演芸中心

濱海文化
公園

臨海

湾区
之光

南湾

怡海大道

夢海大道

桂湾三路

鯉魚門

前海湾

前海中心

桂湾四路

前海

桂湾

桂湾五路

深圳
西駅

前海湾

濱海大道

桂湾二路

媽湾跨海通道

興海大道

前湾

前湾
公園

前湾

听海大道

前湾

夢海路

前海大道

前湾

怡海大道

地下鉄5号線

月亮湾大道

前湾

听海路

興海大道

前湾四路

媽湾

港城路

通海路

南山公園

N

0km   3km

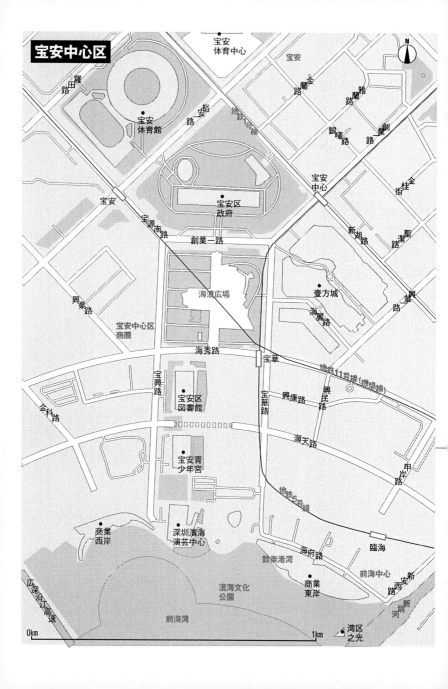

湾区之光／湾区之光★★☆

㊗ wān qū zhī guāng　㊋ waan¹ keui¹ ji¹ gwong¹

わんくのひかり／ワンチュウチイグゥアン／ワアンコイジイグゥオン

　　新圳河が前海湾にそそぐ地点に立つ高さ128mの巨大な観覧車の湾区之光(前海湾摩天輪)。28の太空艙(カプセル)をそなえた観覧車は、1周30分ほどで周遊し、空と海を見渡す透明なガラス窓からは360度景色が見える。全体として海がイメージされていて、魚のヒレのようなスタンディングフレームが観覧車を支える。

宝安中心区商圏／宝安中心区商圏★☆☆

㊗ bǎo ān zhōng xīn qū shāng quān　㊋ bóu on¹ jung¹ sam¹ keui¹ seung¹ hyun¹

ほうあんちゅうしんくしょうけん／バオアァンチョオンシンチュウシャアンチュウアン／ボォウオンジョオンサァムコイソォンヒュン

　　前海湾をはさんでちょうど大小南山の対岸の前海湾北岸に広がる宝安中心区商圏。深圳の古名である宝安県の名前を受け継ぐ深圳市西部の宝安県の核心区となっていて、南山区とともに前海中心を形成する。宝安中心区商圏は羅湖、福田、南山后海に続く深圳のビジネスエリアでもあり、ファッション、消費、娯楽を楽しむ人、もの、情報の集まる「聚宝盆」にもたとえられる。前海湾に面した濱海文化公園

★★☆

前海中心／前海中心 チィエンハァイチョオンシン／チンホオイジョオンサァム

湾区之光／湾区之光 ワンチュウチイグゥアン／ワアンコイジイグゥオン

深圳湾跨海大橋／深圳湾跨海大桥 シェンチェンワンクゥアハァイダアチアオ／サアムザァンワアンクワッホォイダアイキィウ

南山／南山 ナァンシャアン／ナアムサアン

大鵬所城 (大鵬古城)／大鵬所城 ダァアパァンスゥオチャアン／ダアイパアンソオセェン

★☆☆

宝安中心区商圏／宝安中心区商圏 バオアァンチョオンシンチュウシャアンチュウアン／ボォウオンジョオンサァムコイソォンヒュン

壹方城／壹方城 イイファンチャアン／ヤッフォンセェン

宝安／宝安 バァオアァン／ボォウオン

深圳宝安国際空港／深圳宝安国际机场 シェンチェンバァオアァングゥオジイジイチャアン／サアムザァンボォウオングゥオッザァイゲエイチョオン

深圳湾／深圳湾 シェンチェンワン／サアムザァンワアン

南山公園／南山公园 ナァンシャアンゴォンユゥエン／ナアムサアンゴォンユン

龍崗／龙岗 ロォンガァン／ロォンゴオン

から、図書館、青少年宮、芸術中心、演芸中心、宝安区政府が中軸線にならび、大型ショッピングモールの壹方城も位置する。

壹方城／壹方城★☆☆
🀆 yī fāng chéng　🀆 yat¹ fong¹ sing⁴
いちほうじょう／イイファンチアアン／ヤッフォンセェン

　宝安中心区のベイエリアに立つ複合商業施設の深圳前海壹方城(Shenzhen Uniwalk Qianhai)。深圳最大規模のショッピングモールで、2017年に開業した。湾区、清風、海浪(波)をテーマとして、水が流れるような動きが表現され、吹き抜けのアトリウムは高さ45mになる。巨大な龍のオブジェ「超然」は、成都IFSのよじ登るパンダも手がけたローレンス・エージェントによるもの。

Bao An

宝安城市案内

深圳西部に位置し、東莞市に隣接する宝安区
もっとも深圳らしい深圳とも言われ
20世紀以前の深圳の様子を残すエリア

宝安／宝安★☆☆

⑪ bǎo ān ⑫ bóu on¹
ほうあん／バァオアァン／ボォウオン

　伶仃洋（珠江口）に面した深圳西部に広がる宝安区。宝安とい
う名称は、長らく深圳、香港、東莞を統括する県（宝安県）の
名前として知られ、古代、現在の東莞市にある宝山で銀を産
出していたことによる。宝安県は東晋の331年におかれ、そ
の後、1500年以上、宝安区の南東に隣接する南頭古城に行
政府があった。現在の宝安区は、かつての宝安県の都、南頭
古城と広東省の省都広州の街道上に位置し、古い集落や祠
廟（曾氏大宗祠）や仏教寺院などが残っている。そのため、1979
年に宝安県が廃止されて深圳の開発がはじまる以前の深圳
の様子をもっともよく伝えるエリアにあげられる。また宝
安区の南部はちょうど深圳市街の南山区と接していて、行
政機関や文化施設の集まる宝安中心区商圏は、南山区西部
の商圏とあわせて副都心の前海中心を形成する。珠江デル
タの一体化にともなって、珠江河口部の西岸をのぞみ、深圳
宝安国際空港を抱える宝安の立地が注目され、前海湾（前海中
心）は急速に発展をとげた。

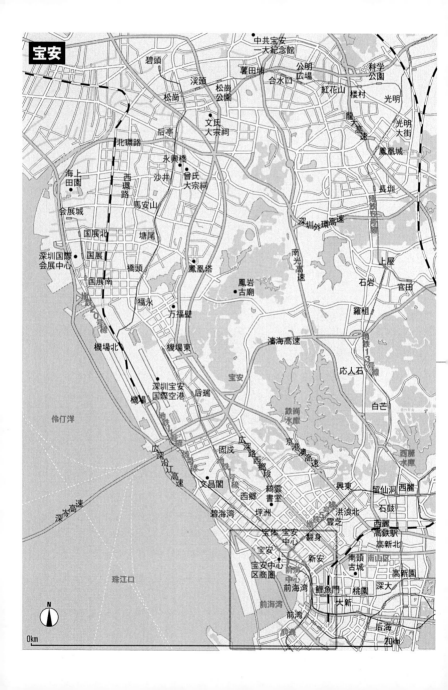

文昌閣／文昌阁 ★☆☆

北 wén chāng gé　広 man⁴ cheung¹ gok²

ぶんしょうかく／ウェンチァンガア／マァンチャンゴッ

　　清朝乾隆年間(1735～95年)に建てられ、科挙の合格を祈る
ための場所だった文昌閣(道教寺院)。幅、奥行ともに4.2mの
方形プランをもち、高さ12m、3層の文昌閣は、上部が筆のよ
うに細くなっていて、文筆を彷彿とさせる姿をしている。文
昌閣3層それぞれに扁額がかかげられ、「聯登鳳閣」「更上一
層」「会極」という文言が見られる。1873年、1899年、1934
年と何度も重修されて現在にいたる。

綺雲書室／绮云书室 ★☆☆

北 qǐ yún shū shì　広 yí wan⁴ syu¹ sat¹

きうんしょしつ／チイユゥンシュウシイ／イイワンシュウサッ

　　清末の光緒年間(1875～1908年)の1885年に建てられた私
人用の書室の綺雲書室。鄭毓秀(1891～1959年)の祖父である

鄭姚によるもので、宝安県の文人が集まり、ここで読書や講義を行なった（『界木姚祠堂』ともいう）。門庁、中庁、後庁、明楼からなる建築は、西に20度傾いていて、木彫や石彫で彩られている。現在は小学校内に位置する。

深圳宝安国際空港／深圳宝安国际机场★☆☆

普 shēn zhèn bǎo ān guó jì jī chǎng　広 sam¹ jan² bóu on¹ gwok² jai² gei¹ cheung⁴

しんせんほうあんこくさいくうこう／シェンチェンバォオアァングゥオジイジイチャアン／サアムザァンボォオングゥオッザァイゲエイチョオン

北京、上海、東南アジア、アメリカ、ヨーロッパなど、世界各地と空の便で結ばれた深圳宝安国際空港。深圳宝安国際空港は羅湖や福田といった深圳の中心部から離れた西郊外の地（宝安）で、1991年に開港した。そして都市深圳の発展にあわせて深圳宝安国際空港の旅客、貨物量ともに増加していき、2013年に美しいフォルムをもつ新ターミナルビルが完成した。海、陸、空とつながり、福田や羅湖と地下鉄で結ばれた深圳宝安国際空港は珠江デルタの新たなハブ空港の役割をになうようになった。

万福壁／万福壁★☆☆

普 wàn fú bì　広 maan³ fuk¹ bik¹

まんふくへき／ワァンフウビイ／マァンフォッビッ

福永鎮の中心部、万福広場に位置する、さまざまな文字の刻まれた万福壁。長さ130m、高さ5.67m、厚さ10㎝のこの壁は、833個、重さ11万kgの陶器製でつくられていて、最古の象形文字から篆書体、隷書体、草書体などの書体で、1万字以上の「福」の文字が描かれている。宋徽宗の「福」、乾隆帝が劉羅鍋に贈った「福」、王羲之による「福」、また毛沢東、周恩来、鄧小平の「福」の漢字もある。「福」は福永鎮の頭文字であり、また幸せの「福」であることから、縁起がよく、この漢字のオブジェクトをさわっていく人の姿が見える。陶器のレリーフ彫刻として世界最大規模のもので、1999年に完成した。

鳳凰塔／凤凰塔 ★☆☆

⊕ fèng huáng tǎ ⊛ fung³ wong⁴ taap²

ほうおうとう／フォンフウアンタアタア／フォンウォンタアッ

　深圳西部、鳳凰山風景区にそびえる六角形のプランに立つ、高さ20mほどの6階建ての風水塔の鳳凰塔。清朝嘉慶年間(1796〜1820年)の創建で、道光年間(1820〜50年)、1991年に修建されている。文天祥一族の末裔が暮らす鳳凰古村に位置することから、文塔ともいう(そばには文天祥をまつる文氏宗祠が残る)。この鳳凰塔では、第1層に「鳳閣朝陽」、第2層に「開文運」、第3層に「経緯楼」、第4層は「独占」、第5層に「直上」、第6層は「綺漢」の文言が見える。

鳳岩古廟／凤岩古庙 ★☆☆

⊕ fèng yán gǔ miào ⊛ fung² ngaam⁴ gú miu³

ほうがんこびょう／フォンイェングウミィアオ／フォンンガアムグウミィウ

　鳳凰山森林公園の中心的建築で、深圳の仏教文化を今に伝える鳳岩古廟(仏教寺院)。元初、モンゴルの前に命を落とした南宋の文天祥(1236〜82年)の子孫が建てたと伝えられる(南宋は深圳からも遠くない崖山で滅亡した)。元代、この鳳凰山の鳳凰岩が文天祥への信仰の場となっていたが、それを公にすることができず、文天祥の子孫たちは「観音をまつる」という名目でひそかに文天祥をおがんでいたという。三方を山に囲まれ、一方が伶仃洋に面する美しい景色から文人たちに愛され、詩の刻まれた石碑も残っている。「烟楼晩望」「鶏心修竹」「石乳清湖」「鴬石点頭」「浄瓶洒露」「長寿仙井」「松径風琴」「雲頂参天」の鳳岩八大奇景が点在する。

文氏大宗祠／文氏大宗祠 ★☆☆

⊕ wén shì dà zōng cí ⊛ man⁴ si³ daai³ jung¹ chi⁴

ぶんしだいそうし／ウェンシイダアゾォンツウ／マンシイダアイジョオンチイ

　南宋末期、モンゴル軍を相手に戦い、そして生命を落とした愛国の英雄、文天祥(1236〜82年)。深圳は南宋最後の皇帝の

めざましい発展を見せる前海中心

広東料理はじめ各地の料理が食べられる

深圳の市花ブーゲンビリア

空の便で世界とこの街を結ぶ、深圳宝安国際空港

遺体が流れついた土地であり、文氏大宗祠には南宋を最後まで支え続けた文天祥がまつられている。文天祥の一族にとって、鳳凰山にある鳳凰岩が信仰の場であったが、元代から明代に代わると公に文天祥を信仰できるようになった。こうしてこの文氏大宗祠は、明の洪武年間(1368〜98年)に建てられた。幅13.7m、奥行30.3mで、三間三進、前堂、中堂、後堂へと続く現在の建築は清代の様式となっている。文氏大宗祠前の広場には文天祥の全身像が立つ。

永興橋／永兴桥 ★☆☆

⑪ yǒng xìng qiáo ⑫ wing, hing¹ kiu⁴
えいこうきょう／ヨンシンチィアオ／ウィンヒィンキィウ

宝安区新橋村の西に残る、清代創建の長さ50m、幅3.4mの永興橋。美しい姿を見せる3つの拱の高さは5mほどあり、欄干には浮き彫りと小さな石獅子が見える。康熙年間(1661〜1722年)の創建で、乾隆帝時代の1785年に重修された。

曾氏大宗祠／曾氏大宗祠 ★☆☆

⑪ céng shì dà zōng cí ⑫ jang¹ si³ daai³ jung¹ chi⁴
そうしだいそうし／セェンシイダアゾォンツウ／ジャアンシイダアイジョオンチイ

孔子の弟子であった曾子の流れをくむ曾一族の曾氏大宗祠。南宋(1127〜1279年)末年、モンゴル軍との戦乱のなかで、曾任行と曾仕貴の曾氏兄弟は嶺南に遷ってきて、曾任行は広州番禺に、曾仕貴はここ宝安沙井新橋に暮らした。これが宝安曾氏のはじまりで、この曾氏大宗祠は清朝乾隆年間(1735〜95年)に建てられ、その後の1798年に拡建された。深圳最大規模という五開間の祠堂建築で、幅20m、奥行50mの敷地に、前堂、牌楼、中堂、後堂が展開する。曾氏大宗祠には曾仕貴以来、歴代の位牌が安置されていて、祭祀のときには曾一族が集まってくる。新橋古村には、この曾氏大宗祠のほか、永興橋も残り、清代の深圳の様子を今に伝えている。

深圳国際会展中心／深圳国际会展中心★☆☆

🀄 shēn zhèn guó jì huì zhǎn zhōng xīn　🀄 sam¹ jan² gwok² jai² wui³ jín jung¹ sam¹

しんせんこくさいかいてんちゅうしん／シェンチェングゥオジイフゥイチァンチョンシィン／サアムザァングゥオッジァアイウィジィンジョオンサァム

　珠江デルタの一体化が進むなかで、深圳宝安国際空港を抱える宝安区に2019年に開業した深圳国際会展中心 (Shenzhen World Exhibition & Convention Center)。招商局と華僑城という深圳の街の発展をになってきた企業によって投資され、ビジネス展覧会、国際会議を開催する巨大な会場となっている。福田CBDの深圳市民中心を思わせる巨大な波打つ屋根が続き、柱が天井に伸びる開放的な空間となっている。珠江(伶仃洋)に面し、広州南沙や東莞虎門までも遠くない立地をもつ。

海上田園／海上田园★☆☆

🀄 hǎi shàng tián yuán　🀄 hói seung³ tin⁴ yun⁴

かいじょうでんえん／ハァイシァアンティエンユゥエン／ホォイソォンティンユゥン

　珠江河口部東岸に位置する、水辺地帯の自然と生きものをテーマとした海上田園。この地は陸と水の干潟に接していて、マングローブ、葦の沼、鳥や魚の集まる養魚池など、美しい水辺の景色が広がる。魚やエビ、カニ、野菜、果物が、園内で栽培されていて、海上田園は国家農業観光モデルとなっている。

中共宝安一大紀念館／中共宝安一大纪念馆★☆☆

🀄 zhōng gòng bǎo ān yī dà jì niàn guǎn　🀄 jung¹ gung³ bóu on¹ yat¹ daai³ géi nim³ gún

ちゅうきょうほうあんいちだいきねんかん／チョオンゴォンバァオアァンイイダアジイニィエングゥアン／ジョオンゴォンボォウオンヤッダアイゲエイニィムグゥン

　1928年2月23日、中国共産党宝安県委員会の第1回大会が開催された中共宝安一大紀念館(陳公祠)。当時は第一次国共合作が解消され、燕川村陳公祠で中国共産党による会議が開催され、19人が出席した。2000年に改装されて中共宝安一大紀念館となり、革命活動の写真や資料が展示されている。

Luo Hu Dong Fang
羅湖東部城市案内

1979年、深圳に経済特区がおかれると
香港に隣接する羅湖が開発の舞台となった
そして羅湖郊外には黎明期から知られた景勝地が残る

深圳水庫／深圳水库 ★☆☆
⑪ shēn zhèn shuǐ kù ⑰ sam¹ jan² séui fu²
しんせんすいこ／シェンチェンシュイクウ／サアムザァンソォイフウ

　羅湖区の東北に位置し、深圳に経済特区がおかれる以前からあった人造湖の深圳水庫。1950年代、深圳に隣接する香港では水不足が頻発していて、1959年6月、深圳水庫工程指揮部が発足し、深圳の水を香港へ届けるプロジェクトがはじまった。こうしてつくられたのが深圳水庫で、1960年3月、長さ1km、高さ30mのダムが完成した。翌1961年に給水協定が結ばれて香港に水が運ばれるようになり、深圳水庫は香港社会と経済になくてはならない水源となった（1997年、イギリスが香港を中国に返還したのも、大陸からの水源確保の問題があった）。1964年、この水の流れを増やすために、東江の水が深圳水庫まで運ばれ、深圳水庫の重要度はより高まった。こうした経緯から、深圳水庫は深圳市にある大小400もの人造湖を代表するものであり、香港と深圳の関係性を示すダムという性格ももつ。深圳水庫の周囲には、この街の黎明期からある仙湖植物園、深圳美術館などが位置し、羅湖市街の人たちが休暇に訪れる場所だった。

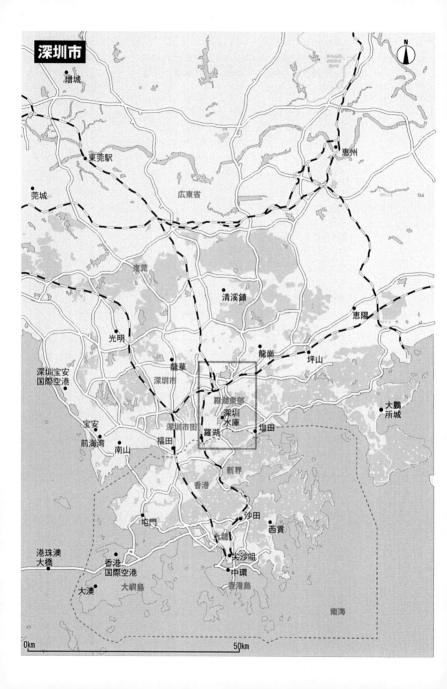

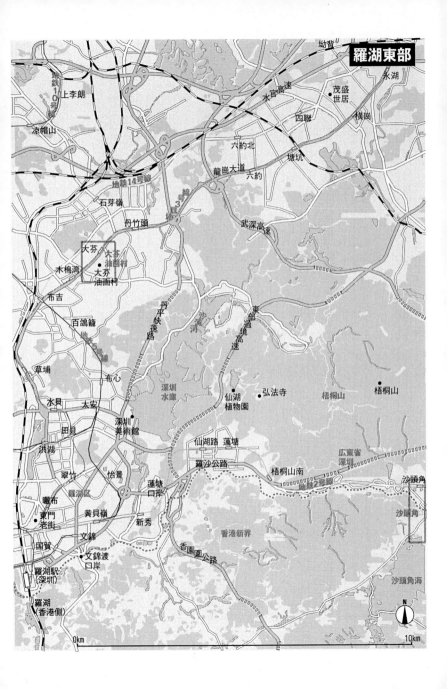

羅湖東部

深圳美術館／深圳美术馆★☆☆

(北) shēn zhèn měi shù guǎn (広) sam¹ jan² mei, seut³ gún

しんせんびじゅつかん／シェンチェンメイシュウグゥアン／サアムザァンメイソッグゥン

　深圳市羅湖区東部の美しい自然に抱かれた、深圳水庫(東湖公園内)のほとりに位置する深圳美術館。1976年の創建で、深圳でもっとも早く設立された公共施設とも言われ、改革開放を進めるうえでの「文化の窓」という役割をになった(当初、深圳展覧館といった)。深圳の経済発展に応じるように、ここから文化や美術を発信し、中国の現代芸術と地方芸術の展示を行なっている。

梧桐山／梧桐山★☆☆

(北) wú tóng shān (広) ng⁴ tung⁴ saan¹

ごとうさん／ウウトォンシャアン／ングトォンサアン

　深圳水庫の東、羅湖、塩田、龍崗という複数の行政区のはざまにそびえ、深圳の「緑宝石(エメラルド)」とも「緑色心肺(深圳市肺)」ともたとえられる梧桐山。深圳最高峰である標高943.7mの大梧桐はじめ、小梧桐、豆腐頭という3つの峰がそびえ、あたりは緑豊かで、清浄な空気につつまれている。梧桐山は深圳と香港をわけるように流れる深圳河の源流と

★★☆

大芬油画村／大芬油画村 ダアフェンヨウファアチュン／ダアイファンヤァウファチュゥン

大鵬所城(大鵬古城)／大鹏所城 ダアパァンスゥオチャアン／ダアイパアンソオセェン

南山／南山 ナァンシャアン／ナアムサアン

★☆☆

深圳水庫／深圳水库 シェンチェンシュイクウ／サアムザァンソォイフウ

深圳美術館／深圳美术馆 シェンチェンメイシュウグゥアン／サアムザァンメイソッグゥン

梧桐山／梧桐山 ウウトォンシャアン／ングトォンサアン

仙湖植物園／仙湖植物园 シィエンフウチイウウユエン／シィンウゥジッマッユゥン

弘法寺／弘法寺 ホォンファアスウ／ワンファッジィ

茂盛世居／茂盛世居 マァオシェンシイジュウ／マァウシィンサァイゴォイ

沙頭角／沙头角 シャアトォウジィアオ／サアタァウゴッ

宝安／宝安 バァオアァン／ボォウオン

深圳宝安国際空港／深圳宝安国际机场 シェンチェンバァオアァングゥオジイジイチャアン／サアムザァンボォウオングゥオッザァイゲエイチョオン

龍崗／龙岗 ロォンガァン／ロォンゴオン

なっているほか、シダ科のヘゴ、針葉樹の穂花杉といった南国の樹木が自生し、ニシキヘビやジャコウネコなどの1000を超える野生動物も生息する。梧桐山の山頂はときどき雲や霧に包まれ、遠くからみたとき霧のなかに山が顔をのぞかせる「梧桐烟雲」は深圳新八景のひとつにあげられる。主入口景区、鳳谷鳴琴景区、梧烟雲雲景区、碧硐楼鳳景区、生態保護区、封山育林区、東湖公園景区、仙湖植物園景区の八大景区からなる。

仙湖植物園／仙湖植物園★☆☆
🄷 xiān hú zhí wù yuán 🄱 sin¹ wu⁴ jik³ mat³ yun⁴
せんこしょくぶつえん／シィエンフウチイウウユゥエン／シィンウゥジッマッユゥン

東に深圳最高峰の梧桐山、西に深圳水庫をのぞむ美しい自然に囲まれた仙湖植物園。1983年から建設がはじまり、1988年に開園した深圳でも有名な植物園であり、亜熱帯の椰子の木をはじめ、7800種類以上の植物が保存、栽培されている。ソテツ保存中心、木蘭園、珍稀樹木園、棕櫚園、竹区、蔭生植物区、沙漠植物区、百果園、水生植物園、桃花園、裸子植物区、盆景園といった景区からなる。広大な植物園の敷地に、洞天、両宜亭、玉帯橋、龍尊塔、聴涛閣、攬勝亭、蝶谷幽蘭といった景勝地が点在する。

弘法寺／弘法寺★☆☆
🄷 hóng fǎ sì 🄱 wang⁴ faat² ji³
こうほうじ／ホォンファアスウ／ワァンファッジィ

梧桐山麓、美しい丘陵に展開し、深圳で最初に建てられた仏教寺院でもある弘法寺。弘法寺とは「仏法を世間に広める」という意味で、改革開放後の1983年から建設がはじまり、1985年に本堂が完成した(1949年の新中国以後は、宗教が弾圧の対象になることもあった)。1992年6月、仏像の開眼の儀式が行なわれ、本格的に仏教寺院としての活動がはじまった。山の地形にあわせて壮大な伽藍が続き、屋根は黄金色の瑠璃瓦

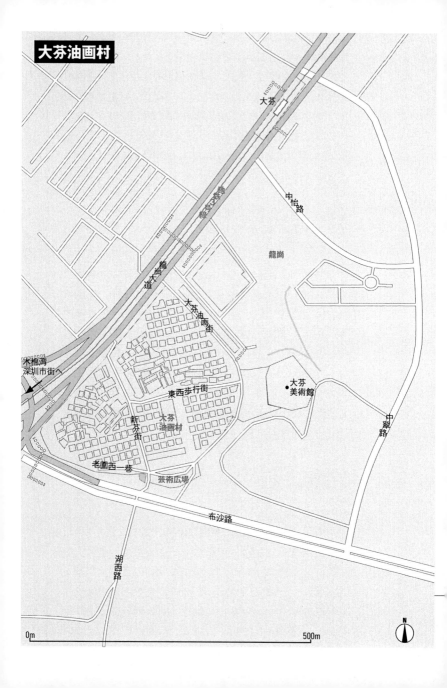

大芬油画村

大芬

中怡路

龍崗大道

廣深鐵路

龍崗

大芬油画街

米棉湾
深圳市街へ

大芬美術館

中觀路

東西歩行街

大芬油画村

新芬街

老園西一巷

芸術広場

布沙路

湖西路

0m   500m

N

でふかれている。弘法寺では、素食のみを口にし、黄色の法
衣を着て修行にはげむ仏教僧の姿がある。

大芬油画村／大芬油画村★★☆
℗ dà fēn yóu huà cūn ⑰ daai³ fan¹ yau⁴ wa³ chyun¹
だいふんゆがむら／ダアフェンヨウファアチュン／ダアイファンヤァウワァチュゥン

　西洋絵画の代表格のモネやゴッホなどの油絵の複製画、
また中国人画家のオリジナル作品が路上にずらりとならぶ
大芬油画村。1989年、当時、3000人ほどの人が暮らす自然村
だったこの地に、香港の画商だった黄江がやってきたこと
で大芬油画村の歩みははじまった。黄江は学生を集めて外
国人投資家からの注文をこなし、民家を借りて油絵の収集
と転売を行なった。すると中国全土から画家や画家を志す
人々が集まり、黄江のほかにも油絵の売買を専門とする資
本をもった商人が現れ、それぞれの商人のもとには複製画
を描くことを生活の糧とした西洋画の絵描きたちが集まっ
てきた。そしてブランドや工業品で「山寨(にせもの、模倣品)」
の製造拠点として知られていた深圳にあって、大芬油画村
は西洋絵画の複製画の製作拠点として知られるようになっ
た。こうして1989年以前は、ひとりあたり年間所得200元に
も満たなかった大芬油画村で、西洋絵画の複製画の生産や
売買という特殊な産業が形成され、黄江とその弟子たちの
尽力もあって、21世紀に入ってからは観光地へと変貌をと
げた。大芬油画村では、本物と複製画を区別するため、本物
の絵画の右下に入っているサインを入れないようにするな
どのとり決めがあるという。深圳郊外の龍崗区に位置する。

茂盛世居／茂盛世居 ★☆☆

🀄 mào shèng shì jū　🈁 mau³ sing³ sai² geui¹

もせいせいきょ／マァオシェンシイジュウ／マァウシィンサァイゴォイ

　清嘉慶年間(1796〜1820年)に創建をさかのぼる客家の何一族の暮らす茂盛世居。広東興寧の何維松、何維栢兄弟以来の民居で、何一族はこの地域でもっとも裕福な一族として知られてきた。茂盛世居という名称は、この民居がふたりの父親である俊茂公(茂盛公)に捧げられていることによる。幅81m、奥行78mの規模で、粗糖、もち米の粥、豚の血を混ぜ込んだ厚さ70cm、高さ7mの城壁で囲まれ、四角には碉楼がそびえる。内部には、前堂、中堂、後堂があり、後堂は共通の祖先をまつる崇善堂となっている。この民居の西側には幅34.8mの月池が位置する。

この街の黎明期につくられた羅湖東部の仙湖植物園

色鮮やかな亜熱帯の花が咲く

梧桐山、豊かな緑、清浄な空気は深圳の「市肺」

巨大な伽藍をもつ仏教寺院の弘法寺

Sha Tou Jiao
沙頭角城市案内

入域には制限のある特区中の特区
深圳と香港の、分割の歴史に翻弄され
それでもこの地で営みの続く中英街

沙頭角／沙头角 ★☆☆

⊕ shā tóu jiǎo ⊕ sa¹ tau⁴ gok²
さとうかく／シャアトォウジィアオ／サアタァウゴッ

　1979年に深圳の開発がはじまる以前から、広東省深圳と香港新界を往来する口岸があり、塩田、龍崗、珠江デルタの東部と香港を結ぶ沙頭角。沙頭角は新界沙頭角(香港)と華界沙頭角(広東省沙頭角鎮)からなり、沙頭角という名称は「日出沙頭、月懸海角(太陽は砂の上に昇り、月は岬のうえにかかる)」からとられている。清朝初期の遷界令(1661～83年)以後、客家人の呉氏、温氏、黄氏、邱氏などが移住してきて、沙頭角(東和郷、東和墟)に集落を築き、農業、漁業、塩業をなりわいにしていた。梧桐山のふもとに過ぎなかったこの地も、アヘン戦争後の1898年にイギリス領香港新界と中国広東省深圳の国境が走ったことで、街の性格が一変した。香港への物資の輸送拠点、また香港からの製品の輸入拠点となり、20世紀初頭には人口は増えて、薬店、米店、雑貨店などがならぶようになった(また第二次世界大戦が勃発すると、1941年12月25日、日本軍は深圳沙頭角からイギリス領香港へ進軍を開始した)。地元の漁民が魚をもってきて、沙頭角で農産物、芝草、陶磁器と交換していたほか、中国とイギリスの国境という性格から、遠くは香港西貢あたりからも人が訪れて衣服や電子機器、日用品、また黄金も取引された。そして、東和郷、東和墟と呼ばれた沙頭角あた

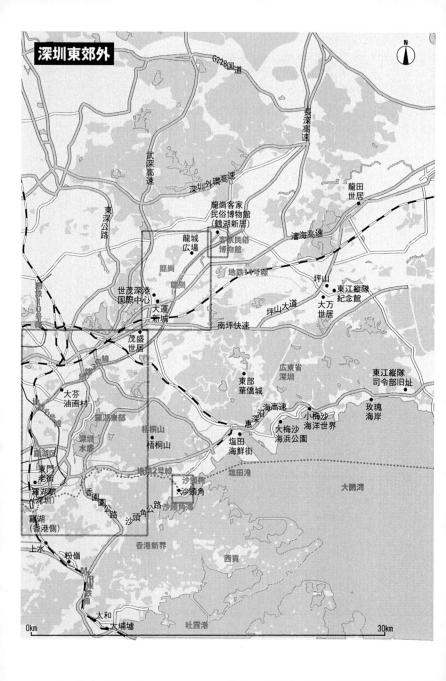

深圳東郊外

N

G228国道

長深高速

武深高速

深圳外環高速

東深公路

龍田
世居

瀋海高速

龍崗客家
民俗博物館
(鶴湖新居)

龍城
広場

客家民俗
博物館

地鉄14号線

坪山

東江縦隊
紀念館

世茂深港
国際中心

龍崗

大万
世居

大運
新城

坪山大道

南坪快速

茂盛
世居

広東省
深圳

東部
華僑城

東江縦隊
司令部旧址

大芬
油画村

玫瑰
海岸

瀋海高速

羅湖東部

深圳水庫

梧桐山

梧桐山

塩田
深圳

小梅沙
海洋世界

大梅沙
海浜公園

羅湖区

惠

塩田
海鮮街

塩田港

東門
老街

地鉄2号線

沙頭角

大鵬湾

羅湖駅
(深圳)

香園園
公路

沙頭角

沙頭角

羅湖
(香港側)

沙頭角

沙頭角湾

公路

塩田港

上水

粉嶺

香港新界

西貢

太和

大埔墟

吐露港

0km   30km

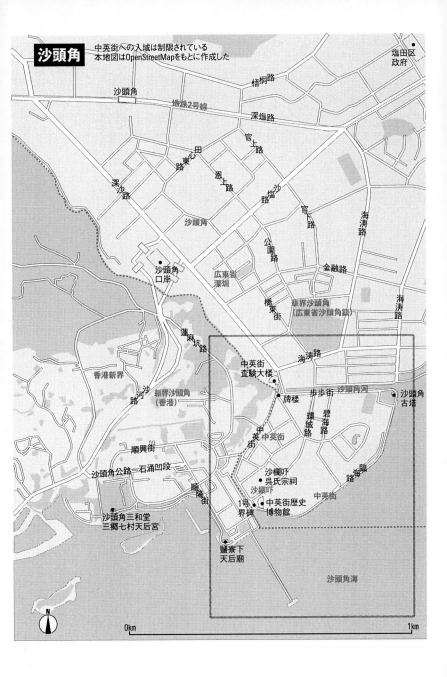

りは、改革開放前の深圳でもっとも繁栄していた。20世紀後半に改革開放がはじまると、沙頭角は羅湖とともに重要な口岸となり、1984年に沙頭角口岸の対外開放が決まり、翌年から人や物資の往来も進んだ。また中国とイギリスの頭文字からとられた、沙頭角(東和墟)の東端に位置する中英街(鷺鷥径)では、通りの中心を国境が走り、片方には繁体字(香港)、もう片方には簡体字(中国本土)が向かいあうかたちになっている。

★★☆

大芬油画村／大芬油画村 ダアフェンヨウファアチュン／ダアイファンヤァウワァチュゥン

龍崗客家民俗博物館(鶴湖新居)／龙岗客家民俗博物馆（鹤湖新居） ロォンガアンカアジィアミィンシュウボオウウグゥアン／ロォンゴオンハアッガアマンジョボッマッグゥン

龍城広場／龙城广场 ロォンチャアングゥアンチャアン／ロォンセェンゴゥオンチャアン

世茂深港国際中心／世茂深港国际中心 シイマァオシェンガアングゥオジイチョオンシィン／サァイマァウサアムゴォングゥオッザイジョオンサアム

★☆☆

沙頭角／沙头角 シャアトォウジィアオ／サアタァウゴッ

中英街／中英街 チョオンインジィエ／ジョオンイィンガアイ

界碑／界碑 ジィエベェイ／ガアイベェイ

中英街歴史博物館／中英街历史博物馆 チョオンインジィエリイシイボオウウグゥアン／ジョオンイィンガアイリッシイボッマッグゥン

沙欄吓／沙栏吓 シャアラァンシィア／サアラアンハア

沙欄吓呉氏宗祠／沙栏吓吴氏宗祠 シャアラァンシィアウウシイゾォンツウ／サアラアンハアングゥシイジョオンチイ

沙頭角古塔／沙头角古塔 シャアトォウグゥグゥタア／サアタァウゴッグゥタァウ

塩田海鮮街／盐田海鲜街 イェンティエンハイシイエンジィエ／イムティンホオイシィンガアイ

塩田港／盐田港 イェンティエンガアン／イムティンゴオン

東部華僑城／东部华侨城 ドォンブフゥアチィアオチァアン／ドォンボォワアキィウセェン

大梅沙海浜公園／大梅沙海滨公园 ダアメィシャアハイビィンゴォンユゥエン／ダアイムゥイサアホオイバァンゴォンユゥン

小梅沙海洋世界／小梅沙海洋世界 シャアメィシャアハイヤァンシイジィエ／シィウムゥイサアホオイヨォンサァイガアイ

玫瑰海岸／玫瑰海岸 メェイグゥイハイアァン／ムゥイグゥワイホオインゴオン

龍崗／龙岗 ロォンガアン／ロォンゴオン

大運新城／大运新城 ダアユゥンシィンチャアン／ダアイワァンサアンセェン

茂盛世居／茂盛世居 マァオシェンシイジュウ／マァウシンサァイゴオイ

東江縦隊紀念館／东江纵队纪念馆 ドォンジィアンゾォンドゥイジイニィエングゥアン／ドォンゴオンジョオンドォイゲエイニィムグゥン

大万世居／大万世居 ダアワァンシイジュウ／ダアイマアンサァイゴオイ

龍田世居／龙田世居 ロォンティエンシイジュウ／ロォンティンサァイゴオイ

深圳水庫／深圳水库 シェンチェンシュイクゥ／サアムザァンソォイフウ

梧桐山／梧桐山 ウゥトォンシャアン／ングトォンサァン

東江縦隊司令部旧址／东江纵队司令部旧址 ドォンジィアンゾォンドゥイスウリィンブウジィウチイ／ドォンゴオンジュンドゥイシイリィンボォウガオジイ

中英街／中英街 ★☆☆

🇨🇳 zhōng yīng jiē 🇭🇰 jung¹ ying¹ gaai¹

ちゅうえいがい／チョオンイィンジィエ／ジョオンイィンガアイ

沙頭角(東和墟)の街の東端に位置する長さ500m弱、幅3〜4mほどの通りの中英街。中国広東省と香港新界のはざまにあたり、1997年以前、通りの中央を国境線が走る特異な性格をもつ街として知られてきた。中英街とは中国とイギリス(英国)の頭文字からとられていて、正式名を「中国人居住在英国管轄的街道(イギリス人の管轄する街に暮らす中国人の街)」といった。この通りは、かつての渓流の河床、鷺鷥径で、アヘン戦争後の1898年に中国と香港新界の境界線が確定すると、ここに「境界石」がおかれた。やがてこの河川敷(鷺鷥径)の両側に家や露店が建てられ、小さな通りが形成され、これが中英街のはじまりとなった。当初はそれほどにぎわっていなかったが、1930年代に入り、香港新界側の順興街と新楼街の交わる位置に肉や魚などの市場ができると、国境上の中英街も活気づくようになった。穀物、タバコ、醤油、酢などの農産品がおもな中国側の商店に対して、香港側の商店ではイギリスやアメリカ、日本などの外国産のタバコや銃器、布地などをあつかうようになっていた(中英街でしか買えないような商品が流れこんでいた)。1949年の中華人民共和国成立後、中国側も香港側も中英街への入域を制限するようになり、ここは非公式の国境通過地点となった。そして、1997年に香港がイギリスから中国に返還されると、同じ通りのなかで東の路肩が中国、西の路肩が香港という中英街は、一国二制度を象徴する通りになり、1本の通りに簡体字と繁体字が併存している(この中英街への入域は制限されているが、文化、観光、交易の観点から、潜在的な価値の高さが期待されている)。中英街は中興街ともいい、1941年、日本軍が香港を占領したときに(イギリスの「英」をはずして)中興街と名づけられたほか、「期待中国国家興旺(中国の勃興をのぞむ)」の意味をこめて中興街の名前でも呼ばれる。

中英街のはじまり

アヘン戦争(1840〜42年)後、1842年の南京条約で香港島を獲得したイギリスは、1860年の北京条約で九龍半島もその勢力下においた。1898年、フランスによる広州湾租借を口実に、イギリスは九龍半島の後背地(新界)も99年間の期限つきで租借する「展拓香港界址専条(香港境界延長条約)」を清朝に認めさせた。そして、この新たなエリアは、新界(New Territories)と名づけられた。1899年3月11日、新界の北限、すなわち清朝とイギリスの国境(境界)を確定させるために、両広総督譚鐘麟は王存善を派遣し、香港総督のアーサー・ブレイクはロックを派遣した。当初、この国境は沙頭角海から深圳湾までの直線という予定だったが、深圳河の流れにあわせるなど、山河の自然境界とすることへ変更された。3月16日、王存善とロックは海辺から川に沿って境界線の測量を開始し、梧桐山から大鵬湾へ向かって流れた小さな渓流の河床の鷺鸞径(現在の中英街)に「大清国新安県界」と書かれた木製の境界柱を立てた。そして3月18日に測量が完了し、イギリス領香港と中国広東省の国境が確定した。その後、河川敷(国境)の両側に家や店舗が建てられていき、1905年、イギリスは中英街に境界石の界碑をおいた(中英街にそって1号界碑から8号界碑までがあった)。こうして、通りの中央に国境線が走り、通りの両端がそれぞれ異なる行政区(香港と広東省)という中英街の歴史がはじまった。

中英街の構成

香港と中国広東省との国境の街、沙頭角には新界沙頭角(港界)と深圳沙頭角鎮(華界)があり、中英街はこの沙頭角東部の沙頭角海に続く境界線(1997年以前の国境)上に走る。正規の口岸のある沙頭角口岸の南東、ちょうどこの中英街(香港と深圳のボーダー)、東の沙頭角海、そして沙頭角河にはさまれ

たエリアが、「特区のなかの特区」となり、入域が制限されている。このエリアの入口には橋がかかっていて、このあたりを橋頭と呼ぶ。ここから中英街(かつての渓流)が、沙頭角海に向かって湾曲しながら伸びていくが、通りの途上に国境であったことを示す界碑がおかれていた。「橋頭」の橋下に8号界碑、「古井」付近の7号界碑、「古榕」付近の4号界碑、「中英街歴史博物館」の前に1号界碑が立つ(中英街部分には8つの界碑があった)。もともと中英街あたりは梧桐山から流れる渓流が、海に入るところで、帯状の海沙が堤防となっていて、これを沙欄と呼んだ。そして清朝康熙年間(1661〜1722年)に客家の呉氏がこの地に移住してきた経緯があり、中英街成立以前に歴史をさかのぼる沙欄吓呉氏宗祠や沙欄吓天后宮も残っている。また沙欄吓呉氏宗祠のすぐそばには、沙頭角で踊られてきた魚灯舞から名づけられた魚灯舞広場が位置する。そして入域の制限された中英街エリアの中央には、1997年に香港がイギリスから中国へ返還されたことを記念する回帰広場が位置し、沙頭角河が沙頭角海にそそぐ地点に新たに沙頭角古塔が建てられた。

界碑／界碑 ★☆☆

⊕ jiè bēi ⊕ gaai² bei¹
かいひ／ジィエベイ／ガアイベイ

　中国広東省とかつてのイギリス領香港をわける国境上におかれたのが界碑(境界をわける石碑)で、その8つの界碑の領域が中英街となっている。1898年に香港新界の設置が決まると、中国は王存善を派遣し、香港総督アーサー・ブレイクはロックを派遣して、国境線を確定させることになった。そして沙頭角海にそそいだ渓流の河床跡(鷺鷥径)に界碑をおき、それは沙頭角海に近いところから1号界碑から8号界碑まで続いた。1号界碑と2号界碑は1905年にイギリスによっておかれ、3〜7号界碑は1941年の香港陥落後、日本軍が撤去したのち、1948年に中国国民党政府とイギリスの香

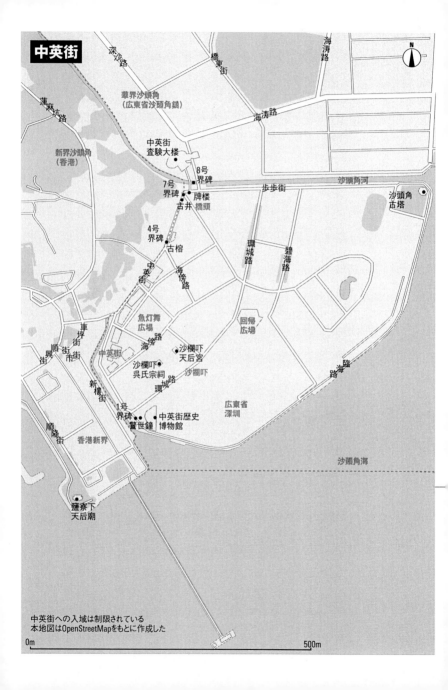

中英街

華界沙頭角
（広東省沙頭角鎮）

新界沙頭角
（香港）

深沙路
橋東街
海涛路
海涛路

中英街
査験大楼
8号
界碑
7号
界碑 ● 牌楼
古井 橋頭
歩歩街
沙頭角河

沙頭角
古塔

4号
界碑
古榕
中英街
海倓路
環城路
韜海路

回帰広場

魚灯舞
広場
海倓路

沙欄吓
天后宮
城路
沙欄吓

蓮麻坑路

車坪街市街
順興街
中英樹
沙欄吓
呉氏宗祠

新楼街
環城路

臨海路

1号
界碑
警世鐘
中英街歴史
博物館

広東省
深圳

順隆街

香港新界

沙頭角海

鹽寮下
天后廟

中英街への入域は制限されている
本地図はOpenStreetMapをもとに作成した

0m　　　　　　　　　　　　　　　　　　　　　　　500m

N

港政府が共同で設置した。1号界碑から7号界碑までの距離は約430mで、8号界碑は中英街入口部分の関口橋の下にあるという。花崗岩製の界碑の一方には中国語で「光緒二十四年中英之地」、もう一方には英語で「Anglo- Chinese Boundary 1898」というように記されている（高さ70cm、上の幅30cm、下の幅40cm）。

古井／古井★☆☆
⊛ gǔ jǐng ⊛ gú jéng
こせい／グウジン／グウゼェン

中英街の入口付近（橋頭）に残り、この街の古い記憶を今に伝える古井戸。遷界令（1661〜83年）で荒野となった沙頭角に、清朝の康熙年間（1661〜1722年）に移り住んだ客家人によって掘られたことにはじまる。中英街に生きる人たちの水源となっていて、1997年以前は、中国とイギリス領香港という国は違っても、「同走一条路、共飲一井水（同じ道を歩き、ともに同じ井戸の水を飲む）」と語られた。古井のそばには橋頭街牌坊が立つ。

★☆☆
中英街／中英街 チョオンイィンジィエ／ジョオンイィンガアイ
界碑／界碑 ジィエベェイ／ガアイベェイ
古井／古井 グウジィン／グウゼェン
古榕／古榕 グウロォン／グウヨォン
中英街歴史博物館／中英街历史博物馆 チョオンイィンジィエリイシイボオウウグゥアン／ジョオンイィンガアイリッシイボッマッグゥン
警世鐘／警世钟 ジィンシイチョオン／ギィンサァイジョオン
沙欄吓／沙栏吓 シャアラァンシィア／サアラアンハア
沙欄吓呉氏宗祠／沙栏吓吴氏宗祠 シャアラァンシィアウウシイゾォンツウ／サアラアンハアングシイジョオンチイ
沙欄吓天后宮／沙栏吓天后宫 シャアラァンシィアティエンホォウゴォン／サアラアンハアティンハァオゴォン
沙頭角古塔／沙头角古塔 シャアトォウジィアオグウタア／サアタァウゴッグウタアッ
沙頭角／沙头角 シャアトォウジィアオ／サアタァウゴッ

古榕／古榕 ★☆☆

北 gǔ róng 広 gú yung⁴
こよう／グウロォン／グウヨォン

　中英街第4号界碑のそばに立つ樹齢100年を超すガジュマル（榕樹）の古榕。通りの中央部に生えた木は、ななめに傾いていて、「根」は深圳（中国）側にあり、「葉と枝」は香港側に伸びている。これは古榕が「根在祖国、叶覆香港（根は祖国にあり、葉は香港を覆う）」ことを視覚的に示している。太い幹に茂る葉は、深圳と香港の関係を象徴し、しばしば文学や芸術のテーマになってきた。

中英街歴史博物館／中英街历史博物馆 ★☆☆

北 zhōng yīng jiē li shǐ bó wù guǎn 広 jung¹ ying¹ gaai¹ lik³ sí bok² mat³ gún
ちゅうえいがいれきしはくぶつかん／チョオンインジィエリイシイボオウウグゥアン／ジョオンインガアイリッシイボッマッグゥン

　1899年3月18日、清朝とイギリスの代表団は、広東省と香港新界北部の境界の測量を終えて、沙頭角をふたつに分割し、国境（中英街）が定められた。そして中英街はじまりの場所である第1号界碑のそばに中英街歴史博物館が立つ。清朝の康熙年間（1661～1722年）に客家人がこの地にやってきて開拓したこと、アヘン戦争（1840～42年）後に中英街ができたこと、そこからの中英街の100年にわたる歴史や変遷、改革開放などを展示で紹介する。この中英街歴史博物館は、1999年5月1日に開館した。

警世鐘／警世钟 ★☆☆

北 jǐng shì zhōng 広 gíng sai² jung¹
けいせいしょう／ジィンシイチョオン／ギィンサァイジョオン

　第1号界碑のそば、博物館広場に立ち、「勿忘歴史、警鐘長鳴（歴史を忘れるな、警鐘は鳴る」）」を示す警世鐘。アヘン戦争（1840～42年）に敗れて香港をイギリスに割譲されたことを忘れないための鐘で、香港の中国返還3周年を記念して2000年7月1日に建てられた。この警世鐘の高さは南京条約の1842

深圳湾の向こうに香港新界が見える

北京から遠く離れたこの地で農業に従事してきた

沙頭角湾にその威容を見せていた軍艦の明思克

年にあわせた1.842m、重さ1.55トンとなっている。また沙頭角を意味する「日出沙頭、月懸海角（太陽は砂の上に昇り、月は岬のうえにかかる）」の太陽と月、深圳の市花ブーゲンビリアと香港のバウヒニアの両方が描かれている。

沙欄吓／沙栏吓★☆☆
🔵 shā lán xià 🔵 sa¹ laan⁴ ha,
さらんかく／シャアラァンシィア／サアラアンハア

川が海に出る河口部、海沙が帯状になっているところを「沙欄」と呼び、「吓」は海辺を意味する。小墩山近くの中英街の地は、沙欄吓といって長らく客家系の住人が暮らす集落があった（客家語では「河」を「溪」と呼び、沙溪が海にそそいでいた）。清朝の康熙年間（1661〜1722年）に呉氏が、この地に移住してきたのがはじまりで、以後、温氏、黄氏、邱氏といった氏族も続き、農業、漁業、塩業などを営む姿があった。この沙頭角沙欄吓で知られる踊りが魚灯舞で、客家とともに北方にルーツがあるといい、20人ほどの男性が手に魚のランタンをもって踊る。これは沙欄吓を切り開いた呉氏と関係するもので、客家語では「呉」と「魚」の音は、ともに「ng（ング）」で同じことに由来する。中英街（深圳と香港のボーダー）は、この沙欄吓のそばを走ることになった。

沙欄吓呉氏宗祠／沙栏吓吴氏宗祠★☆☆
🔵 shā lán xià wú shì zōng cí 🔵 sa¹ laan⁴ ha, ng⁴ si³ jung¹ chi¹
さらんかくごしそうし／シャアラァンシィアウウシイゾォンツウ／サアラアンハアングシイジョンチイ

沙欄吓の集落を切り開いた呉一族の共通の祖先をまつる呉氏宗祠。呉氏は梅州大埔を祖籍とする客家人で、遷界令（1661〜83年）がとかれたあとの清朝の康熙年間（1661〜1722年）に沙頭角沙欄吓に移住してきた。この沙欄吓の呉一族は、周文王の伯父の呉泰伯につらなる系譜をもつといい、代々、呉氏宗祠を紐帯としてここ沙欄吓で暮らしてきた。沙欄吓呉氏宗祠は、伝統的な嶺南地方の建築様式で、祖先をまつる祭

祀では各地に進出した呉一族が集まってくる。

沙欄吓天后宮／沙栏吓天后宫★☆☆

(北) shā lán xià tiān hòu gōng (広) sa¹ laan⁴ ha, tin¹ hau³ gung¹

さらんかくてんごうきゅう／シャアラァンシィアティエンホォウゴォン／サアラアンハアティンハァオゴォン

呉氏宗祠に隣接する「海の守り神」天后(媽祖)をまつった沙欄吓天后宮。沙欄吓の住民は漁業をなりわいとし、日常的に海に繰り出したことから、その都度、安全をこの天后宮で祈った。沙欄吓天后宮がいつ創建されたかはわかっていないが、台風で倒壊したあと、1797年、呉氏、温氏、黄氏、邱氏など、7つの村の協力で再建された。灰色のレンガの外壁、黒の切妻屋根をもつ三間二進の嶺南建築は、2002年に修建され、幅7.45m、奥行13.75mの規模となっている。屋根上の波を描く装飾の鑊耳屋が注目され、これは嶺南地方特有のもので、屋根を抑えて風をふせぐ目的がある。

沙頭角古塔／沙头角古塔★☆☆

(北) shā tóu jiǎo gǔ tǎ (広) sa¹ tau⁴ gok² gú taap²

さとうかくことう／シャアトォウジィアオグウタア／サアタァウゴッグウタアッ

沙頭角河が沙頭角海にそそぐ地点に立つ六角七層の沙頭角古塔。宋代の様式をもつこの塔は、21世紀に入ってから建てられ、高さは44.8mになる。屋根の軒先には銅鐘がつるされていて、海からの潮風が吹くと揺れて美しい音を響かせる。周囲は公園として整備されている。

呉と魚、沙頭角で踊られてきた魚灯舞

Da Peng Suo Cheng
大鵬所城鑑賞案内

明代の広東省から福建省にかけての海岸で
猛威をふるった倭寇
大鵬所城は海岸部を防衛する城塞として築かれた

大鵬所城（大鵬古城）／大鵬所城★★☆
㊗ dà péng suǒ chéng ㊨ daai³ paang⁴ só sing⁴
たいほうしょじょう（たいほうこじょう）／ダァアパァンスゥオチァアン／ダアイパアンソオセェン

　深圳東部に突き出した大鵬半島のつけ根部分の入江に築かれた大鵬所城（大鵬古城）。西の南頭古城とともに、東の大鵬所城は深圳開発以前からある城市で、深圳を「鵬城」と呼ぶのはこの大鵬所城に由来する。この地には宋元時代から鵬城村があり、明代の1394年、広州左衛千戸の張斌によって海岸地帯を荒らす倭寇対策の要塞「大鵬守御千戸所城」として建設された。清初、500人が駐屯する大鵬所防守営がおかれ、その後の1704年に大鵬水師営へと改編されて、931人が大鵬所城で守りについた。明の将軍、劉鐘、徐勲、清の頼氏三代五将、劉氏の父子将軍といった名将が守備にあたり、輩出した将軍の多さから「将軍村」の愛称で知られる。1839年、アヘン戦争前哨戦の九龍海戦、その後のアヘン戦争（1840〜42年）ではイギリスとの戦いでも舞台になるなど、1899年にその役割を終えるまで大鵬所城は明清時代を通じて海軍の重要な拠点となった。この大鵬所城では、「命軍三分守城、七分屯軍食糧」といって農業をしながら防衛にあたり、兵士の数は最大で1000人以上、家族をふくめた総人口は3000人になったという。これらの大鵬人は、軍事目的で各地から集まってきたため、ここで特異な文化が形成され、北京語、広

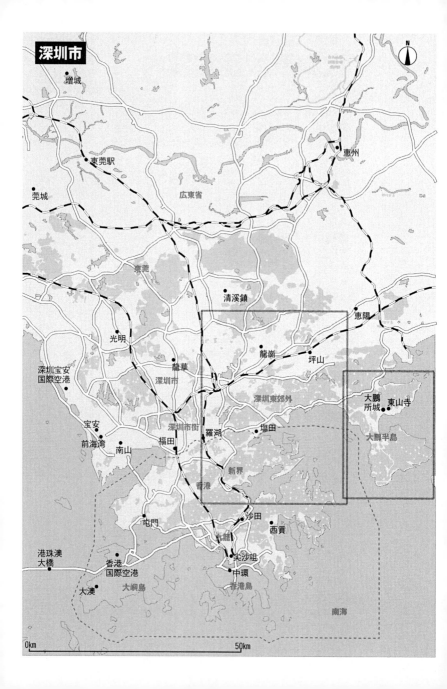

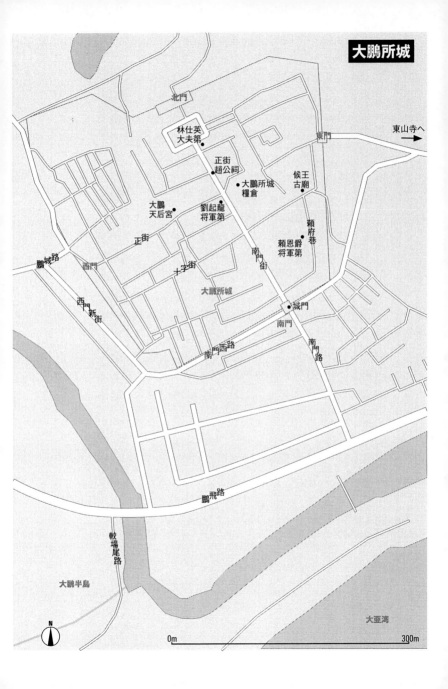

大鵬所城

北門

林仕英
大夫第

襄門

東山寺へ →

正街
趙公祠

候王
古廟

● 大鵬所城
糧倉

大鵬
天后宮 ●

劉起龍
将軍第

頼府巷

正街

頼恩爵
将軍第

西門

南
門
街

十字街

大鵬所城

鵬城路

西
門
新
街

城門

南門

南門西路

南
門
路

鵬飛路

較場尾路

大鵬半島

大亞湾

N

0m   300m

東語、客家語、潮州語のまじった大鵬話と呼ばれる言語(各地の人が意思疎通のために大鵬所城で話した言葉)、漁業や農業、漁村文化、客家文化など大鵬所城でしか見られない独特の民俗や食が伝えられている。周囲を高さ6mの城壁に囲まれた大鵬所城は、明清時代の街並みを今に伝え、「深圳八景」の筆頭を飾る。

大鵬所城の文化

　倭寇対策の要塞都市(大鵬所城)を意図してつくったという点と、香港に隣接して経済特区(深圳)を意図してつくった点で、大鵬所城と深圳という街の性格は共通している。現在の深圳がこの地方の広東語ではなく、北京語が主流であるのは、各地から人の集まってきた移民都市であるためで、同様に、大鵬所城でも南方各地から兵士が集められ、言葉(方言)や習慣の異なる人たちが一堂に介することになった。広東語や客家語の入り混じった大鵬話(大鵬軍語)、大鵬山歌、大鵬独特の結婚習慣など、大鵬所城で生まれた文化がそれにあげられる。また大鵬所城の兵士はほとんど南方人で構成さ

★★☆
大鵬所城 (大鵬古城)／大鵬所城 ダァアパァンスゥオチァアン／ダアイパアンソオセェン
大鵬所城糧倉 (大鵬古城糧倉)／大鵬所城粮仓 ダァアパァンスゥオチァアンリィアンツゥアン／ダアイパアンソオセェンロォンチョオン
南山／南山 ナァンシャアン／ナアムサアン

★☆☆
城門 (南門)／城门 チァアンメェン／セェンムン
頼恩爵将軍第／赖恩爵将军第 ラァイアンジュゥエジィアンジュンデイ／ラアイヤァンジョオッジョオングゥアンダァイ
劉起龍将軍第／刘起龙将军第 リィウチイロォンジィアンジュンデイ／ラァオヘェイロォンジョオングゥアンダァイ
候王古廟／候王古庙 ホォウワァングウミィアオ／ハァオウォングウミィウ
正街趙公祠／正街赵公祠 チェンジィエチァオゴォンツゥ／ジィンガアイジィウゴォンチイ
大鵬天后宮／大鹏天后宫 ダァアパァンティエンホォウゴォン／ダアイパアンティンハァオゴォン
林仕英大夫第／林仕英大夫第 リィンシイインダァフゥデイ／ラムシィインダアイフウダァイ
東山寺／东山寺 ドォンシャアンスゥ／ドォンサアンジイ
大鵬半島／大鹏半岛 ダァアパァンバァンダオ／ダアイパアンブゥンドォウ
龍崗／龙岗 ロォンガアン／ロオンゴオン
深圳宝安国際空港／深圳宝安国际机场 シェンチェンバァオアァングゥオジイジイチァアン／サアムザァンボォウオウングゥオッザァゲエチョオン
宝安／宝安 バァオアァン／ボォウオウン

れ、米が主食であったため、この米を素材とする大鵬所城独特の料理が伝わっている。ひとつはもち運びが容易でなく、保存の難しい米を粉にして水とまぜて餅にし、鉄鍋で焼いた「大鵬打米餅」、ほかには米を石臼でひいて粉にしてから麺をつくり、ココナッツの殻に盛って新鮮な豚肉や鶏肉、海鮮などを載せて食べた「大鵬瀬粉仔」があげられる。

大鵬所城の構成

　大亜湾のほとり、一方を海に、三方を山に囲まれた大鵬所城。軸線は30度ほどかたむいているが、不規則な台形、碁盤の目状の中国の伝統的な街のプランをもち、東西345m、南北285mで、周囲を高さ6m、長さ1200mの城壁で囲まれている。この大鵬所城の南門路から城門（南門）をこえて石畳の南門街へ続くのがメインストリートで、それと交差するように東西に十字街、正街が走る。城内は明清時代以来のたたずまいを今に残し、役人が政務をとった官衙、都市の守り神をまつる城隍廟など、中国の都市に共通するものが見られる。また趙公祠、天后廟、華光廟、候王廟といった信仰の場であった道教寺院、清代の将軍が暮らした将軍府、この街の住人の食料庫の役割を果たした大鵬糧倉などが点在する。

城門（南門）／城门 ★☆☆

北 chéng mén 広 sing⁴ mun⁴
じょうもん（なんもん）／チャアンメェン／セェンムン

　明清時代の大鵬所城の正門にあたった堂々とした城門（南門）。1394年に造営された大鵬所城の面影をよく残していて、ここから周囲に高さ6mの城壁がめぐる。レンガと石組みでできていて、アーチ型の門（拱型城門）のうえに楼閣が載っている。大鵬所城には東、西、南、北にあわせて4つの城門があったが、明万暦年間（1572〜1620年）に北門はふさがれた。

頼恩爵将軍第／赖恩爵将军第 ★☆☆

北 lài ēn jué jiāng jūn dì 広 laai³ yan¹ jeuk² jeung¹ gwan¹ dai³
らいおんしゃくしょうぐんだい／ラァイアンジュウエジアンジュンディイ／ラアイヤァンジョオッジョオングゥアンダァイ

　広東水師提督の頼恩爵(1795～1849年)が拠点を構えていた頼恩爵将軍第。ここ新安県大鵬で生まれた頼恩爵は、浙江定海総兵の父鷹揚と福建水師提督の叔父信揚という軍人家系に育ち、清代頼氏「三代五将」としてたたえられる。頼恩爵は、林則徐の反イギリス禁煙路線を強く支持し、大鵬営参将として来たるべきアヘン戦争(1840～42年)にのぞんだ。1839年、その前哨戦の九龍海戦では、イギリス軍を破って勝利が告げられると、頼恩爵の妻は自らつくった大鵬瀬粉仔(麺料理)を戦場から帰ってきた兵士たちにふるまったという。その後も頼恩爵は福建省と広東省で6回の勝利をおさめるなど活躍し、1843年、広東水師提督になり、1844年にこの頼恩爵将軍第が建設された。大鵬所城のなかでもっともよく保存された清代の建築で、道光帝(在位1820～50年)から贈られた「振威将軍第」の扁額が見える。レンガの壁、極彩色の装飾、人や草花、鳥の木彫、墨で記された詩などで、内部は彩られている。

劉起龍将軍第／刘起龙将军第 ★☆☆

北 liú qǐ lóng jiāng jūn dì 広 lau⁴ héi lung⁴ jeung¹ gwan¹ dai³
りゅうきりゅうしょうぐんだい／リィウチイロォンジィアンジュンディイ／ラァオヘェイロォンジョオングゥアンダァイ

　優秀な船乗りで、清の海軍をひきいた軍人劉起龍(1772～1830年)の劉起龍将軍第。親子二代にわたって活躍したことから劉氏「父子将軍」とたたえられ、福建水師提督の地位までのぼった。ここ大鵬所城の劉起龍将軍第は、清朝嘉慶年間(1796～1820年)から道光年間(1820～50年)のあいだに建てられ、三間三進の建築となっている。大鵬所城のメインストリートにあたる南門街に位置する。

大鵬所城独特の食や文化が育まれた

明清時代の街並みをもっともよく伝える、大鵬所城

大鵬所城の内部、石畳の路地が走る

深圳は南海にのぞむ、波が打ち寄せる

大鵬所城糧倉（大鵬古城糧倉）／大鵬所城粮仓★★☆

🏯 dà péng suǒ chéng liáng cāng　🈶 daai³ paang⁴ só sing⁴ leung⁴ chong¹
たいほうしょじょうりょうそう／ダァアパァンスゥオチァアンリィアンツゥアン／ダアイパアンソオセェンロォンチョオン

　　幅42.5m、奥行22.5mの規模で大鵬所城のちょうど中心部
をしめる大鵬所城糧倉（大鵬古城糧倉）。明万暦年間の1586年
に建てられ、大鵬所城に駐屯する兵士、その家族のための食
料をここで備蓄した。軍事要塞の大鵬所城では各地から兵
士が集められ、「三分守城、七分屯軍食糧」といって、通常、3
割が防御にあたり、残りの7割が開墾や農業に従事した（漢代
以降、辺境の兵士に耕作を行なわせ、軍糧の確保する仕組みを屯田といっ
た）。大鵬所城では最大で1000人ほどの兵士、その家族をあ
わせると3000人になり、馬蹄形（アーチ状）の屋根をもつ大鵬
所城糧倉は1階建てで、10の糧倉が2列にならんでいる。現
在のものは2019年に新たに改装され、イベントを行なう
ギャラリーの役割を果たしている。

候王古廟／候王古庙★☆☆

🏯 hóu wáng gǔ miào　🈶 hau³ wong⁴ gú miu³
こうおうこびょう／ホゥウワァングゥミィアオ／ハァオウォングゥミィウ

　　蕭何、韓信とともに漢（紀元前202〜220年）創業の三傑にあげ
られる名軍師、張良をまつった候王古廟。劉邦による漢の統
一後は、留侯（候王）と称されたことから、候王古廟の名前が
ある。幅9.2m、奥行17.6mで、いつ建てられたのか定かでな
く、1960〜70年代に2階建てに拡建されている。創建当初の
原型は残っていないが、下部の基礎は保存され、前面には対
聯が見える。

正街趙公祠／正街赵公祠★☆☆

🏯 zhèng jiē zhào gōng cí　🈶 jing² gaai¹ jiu³ gung¹ chi⁴
せいがいちょうこうし／チェンジィエチァアオゴォンツゥ／ジィンガアイジィウゴォンチイ

　　大鵬所城のちょうど中心に位置する正街趙公祠。生祠、大
衙門、都府とも言われ、政務を行なうこの街の中心的建築で

あった。創建年代ははっきりとしないが、清朝嘉慶年間(1796
〜1820年)にはその記録が見える。三間二進の建築で、幅は
10.3m、奥行は29.8mになる。

大鵬天后宮／大鵬天后宮★☆☆

🀄 dà péng tiān hòu gōng 🀅 daai³ paang⁴ tin¹ hau³ gung¹
たいほうてんごうきゅう／ダァアパアンティエンホォウゴォン／ダアイパアンティンハァオゴォン

　　大鵬所城の西門付近に立つ、海の守り神媽祖(天后)をまつ
る大鵬天后宮。1394年に大鵬所城が創建されてまもない明
の永楽年間(1402〜24年)に建てられた。その後、清の劉起龍や
頼恩爵といった名将、軍人などが、この天后宮を訪れて武運
を祈った。入口上部の扁額には「天后宮」の文言が見え、赤の
ランタン、旗で彩られている。

林仕英大夫第／林仕英大夫第★☆☆

🀄 lín shì yīng dà fū dì 🀅 lam⁴ si³ ying¹ daai³ fu¹ dai³
りんしえいだいふだい／リィンシイインダアフウディイ／ラムシィインダアイフウダァイ

　　清朝乾隆年間(1735〜95年)に建てられた大鵬所城の将軍が
起居した林仕英大夫第。林仕英は広東省平海の出身で、大鵬
所城の将軍となったことから家族とともに移住してきた(こ
こでこの海域の防衛にあたった)。中庭をもつ三進三間の建築と
なっている。

東山寺／东山寺★☆☆

🀄 dōng shān sì 🀅 dung¹ saan¹ ji³
とうざんじ／ドォンシャアンスウ／ドォンサアンジイ

　　大鵬所城の東門外にそびえる龍頭山に展開する仏教寺
院の東山寺(東山古寺)。明代の1394年創建で、清咸豊年間の
1854年に再建され、大鵬所城の軍人たちが戦いの勝利を
祈ってこの寺院にまいった。長いあいだ荒廃していたが、改
革開放とともに整備が決まり、2004年に再建された。石牌
坊の奥に伽藍が展開し、大山門から天王殿、大雄宝殿、蔵経

楼と中軸線が続き、武の神さまの関公(三国志の英雄関羽)はじめ、上帝、天王、三清、文昌大帝がまつられている。現在は「南天禅海」とたたえられる禅宗の寺院として、仏教文化の中心地となっている。

Da Peng Ban Dao
大鵬半島城市案内

深圳の地図を広げると巨大な半島が
香港をおおい囲むように伸びている
これが海洋文化を今に伝える大鵬半島

大鵬半島／大鵬半島★☆☆
⊕ dà péng bàn dǎo ⑤ daai³ paang⁴ bun² dóu
たいほうはんとう／ダァアバァンバァンダオ／ダアイバアンブゥンドゥ

　深圳南東部の海上に突き出し、香港新界を抱き込むように伸びる大鵬半島。東は大亜湾、西は大鵬湾の広がるこの大鵬半島を中心とした大鵬新区が2011年につくられ、この区の面積は深圳市の6分の1、海岸線は133.22kmに達している。大鵬半島は咸頭嶺遺址に代表されるように新石器時代から人びとが生活を営んできた場所であり、数億年前の地殻活動の痕跡が大鵬半島国家地質公園に残っている。穏やかな四季と豊かな自然、美しい海岸線が続き、西沖沙灘(西涌海灘)は中国有数の美しさをもつビーチにあげられる。そしてこの大鵬半島のつけ根部分に、明代の1394年創建の海防のための要塞都市、大鵬所城が位置する。大鵬半島は明清時代以来、漁民や水上居民の生活が続いてきたところで、かつて賤民あつかいされていた人たちも、現在はその文化が見直されるようになった。水上居民の年越し(舞草龍)、婚礼儀礼、大鵬山歌など、この地方独特の文化が伝わっていて、決まった歌詞がなく、女性の歌い手が即興で歌う漁師歌も注目される。この漁民、水上居民たちの信仰を受けてきたのが海の守り神の媽祖(天后)で、大鵬半島には4か所に相応の規模の天后廟が残っている。300年以上昔からある南澳天后宮、200

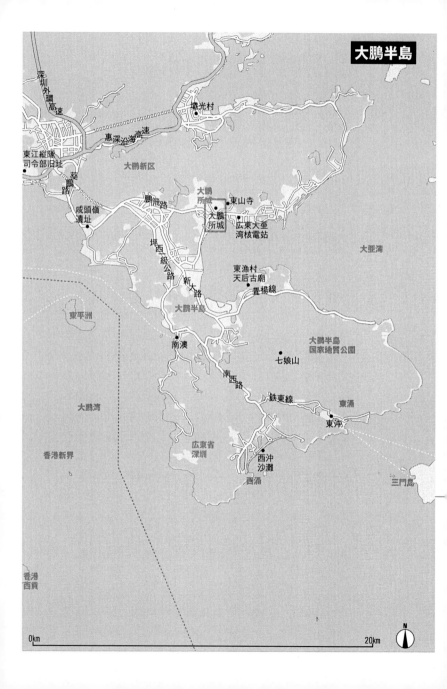

年の歴史をもつ東山媽祖廟（天后古廟）、東湧の媽祖廟、西湧の媽祖廟の4つで、これら天后廟が点在する大鵬半島中心部には標高869mの七娘山がそびえている。

咸頭嶺遺址／咸头岭遗址★☆☆
⊛ xián tóu lǐng yí zhǐ　⊛ haam⁴ tau⁴ ling, wai⁴ ji
かんとうれいいし／シィエントォウリィンイイチイ／ハァムタァウリィンワイジイ

今から7000〜6000年前（新石器時代）の人類の営みを伝える咸頭嶺遺址。砂の堆積した咸頭嶺村のこの砂丘遺跡は1985年から発掘が進み、深圳のみならず、珠江デルタでもっとも古い部類に入る遺跡であることが確認された。釜、鉢、壺、杯、皿などの土器、斧、研ぎ石といった石器など、出土品が豊富で、それは珠江デルタで発掘された他の20あまりの遺跡との関係も指摘されている。咸頭嶺遺址の文化は体系化されていて、黄河文明や長江文明同様の営みが華南でもあったことが推測されている。

東漁村天后古廟／东渔村天后古庙★☆☆
⊛ dōng yú cūn tiān hòu gǔ miào　⊛ dung¹ yu⁴ chyun¹ tin¹ hau³ gú miu³
とうぎょそんてんごうこびょう／ドォンユウチュンティエンホォウグウミィアオ／ドォンユウチュウンティンハァオグウミィウ

ちょうど対岸に大鵬所城をのぞむ大亜湾ほとりの南澳東漁村に残る天后古廟。東漁村の村民は古くは船を住み家とし、海上の風や波を受けるなか暮らす水上居民（漁民）でも

あった。この漁民たちの信仰を受けてきたのが「海の守り神」媽祖(天后)で、東漁村天后古廟は、明(1368〜1644年)代以来の伝統をもつ。ガジュマルの木が茂るひっそりとした東漁碼頭に位置し、旧暦3月23日の媽祖節にはこの小さな寺に線香がたかれ、大変なにぎわいを見せる。1949年の新中国成立以前は、水上居民(漁民)の地位は低く、「不可触賤民」とされ、陸に上がることは厳しく禁じられていた。

東江縦隊司令部旧址／东江纵队司令部旧址★☆☆

北 dōng jiāng zòng duì sī lìng bù jiù zhǐ　広 dung¹ gong¹ jung² deui⁶ si¹ ling³ bou⁶ gau³ ji²

とうこうじゅうたいしれいぶきゅうし／ドォンジィアンゾォンドゥイスゥリィンブゥジィウチイ／ドォンゴォンジュンドゥイシイリィンボォウガオジイ

　1912年創建のイタリア風キリスト教会を利用した東江縦隊司令部旧址。東江縦隊は日中戦争(1937〜45年)時期に中国共産党の指導のもと、活動した武装勢力で、1943年に深圳土洋村で成立し、1944年、この地に司令部がおかれた。白色のたたずまいの外観で、主楼、礼拝堂、付属房からなり、近くには東縦北撤紀念亭も残る。

西冲沙灘／西冲沙滩★☆☆

北 xī chōng shā tān　広 sai¹ chung¹ sa¹ taan¹

せいちゅうさたん／シイチョオンシャアタァン／サアイチョオンサアタアン

　深圳最大、中国でも有数のビーチで、「中国最美八大海岸」のひとつにあげられる西冲沙灘(西涌海灘)。海岸に打ち寄せる波と、美しい砂浜が広がる様子は、多くの旅行者を魅了してきた。また水辺の漁師たちの文化、地元民の出す料理(海鮮食街)に接することもできる。南海にのぞむ大鵬半島先端部に広がり、先端部の西半分を西冲(西涌海灘)、東半分を東冲(東涌海灘)と呼ぶ。香港の新界西貢にも近い。

大鵬半島の大亜湾の様子

客家女性たちがかぶった涼帽

深圳人にとって海の安全こそが何よりだった

大鵬半島の先に位置する西冲と東冲

広東大亜湾核電站／广东大亚湾核电站 ★☆☆

㊩ guǎng dōng dà yà wān hé diàn zhàn　㊧ gwóng dung¹ daai³ a² waan¹ hat³ din³ jaam³

かんとんだいあわんかくでんたん／グゥアンドォンダアヤアワァンハアディエンチァアン／グゥオンドォンダアイアァワアンハッディンジァアム

　大亜湾に面し、白亜山を背にした原子力発電所の広東大
亜湾核電站(大亜湾原子力発電基地)。改革開放後の1985年に広
東電力公司と香港中国電力有限公司の合弁で建設され、発
電された電力は広東省で使われているほか、香港にも供給
されている。深圳中心部から45km、香港尖沙咀から52.5km
の距離で、市街地の近くに原子力発電所があるということ
は世界でも例がないという。

深圳東郊外城市案内

深圳東部は海辺の海洋文化
内陸の客家文化を原風景にもつ
また龍崗区は深圳副都心として注目を集めている

塩田海鮮街／盐田海鲜街★☆☆

⑰ yán tián hǎi xiān jiē　⑫ yìm⁴ tìn⁴ hói sin¹ gaai¹

えんでんかいせんがい／イェンティエンハァイシィエンジィエ／イムティンホォイシィンガアイ

　羅湖の東、沙頭角から大鵬半島に続く海辺一帯は塩田区を形成し、海(南海)と山(内陸)の中継点にあたる塩田では、漁港の文化が今でも続いている。塩田という名称は、清代以来の塩田墟(塩田旧墟鎮)に由来し、清の康熙年間(1661〜1722年)の記録があり、龍崗や塩田を後背地とするこの墟(市)には、かつて「数千人の漁民と数千隻の漁船」が集まったともいう。清末民初の建築が残るなか、20世紀末以後、塩田墟の地が再開発され、形成された塩田海鮮街は深圳市八大食街のひとつにあげられる。騎楼式の2階建ての建物が続くなか、広東料理、客家風味、潮州料理、香港料理といった各種の料理を食べることができ、山の味、海の味、都市の味など各風味を味わえる。口岸のある沙頭角からわずかの距離で、海をながめながら海鮮を食べられる塩田海鮮街には香港人も多く訪れる。

塩田港／盐田港★☆☆

⑰ yán tián gǎng　⑫ yìm⁴ tìn⁴ góng

えんでんこう／イェンティエンガアン／イムティンゴオン

　優れた自然条件と地理条件をもち、粤港澳大湾区のハブ

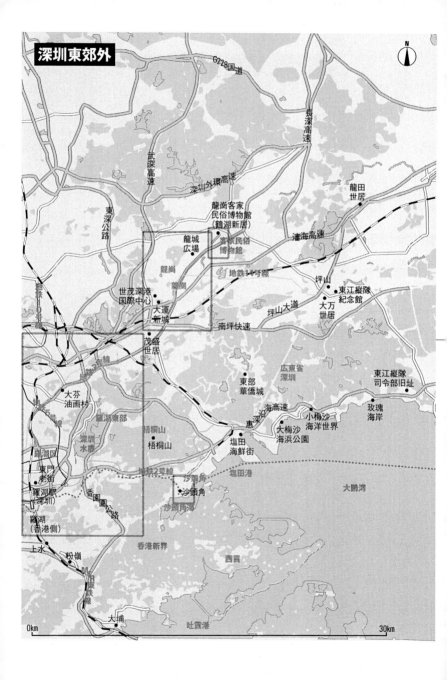

深圳東郊外

N

G228国道

長深高速

武深高速

深圳外環高速

東深公路

龍田世居

濱海高速

龍崗客家
民俗博物館
(鶴湖新居)

龍城広場

客家民俗
博物館

坪山

東江縦隊
紀念館

世茂深港
国際中心

龍崗

大運
新城

地鉄14号線

坪山大道

大万世居

茂盛世居

南坪快速

東部華僑城

広東省
深圳

東江縦隊
司令部旧址

大芬油画村

梧桐山

鹽田海鮮街

惠

沿海高速

小梅沙海洋世界

玫瑰海岸

深圳東部

深圳水庫

梧桐山

地鉄2号線

沙頭角

大梅沙海浜公園

塩田港

塩田海鮮街

東門老街

羅湖区

梧園公路

沙頭角

大鵬湾

羅湖駅
(深圳)

沙頭角湾

羅湖
(香港側)

香港新界

上水

粉嶺

西貢

M東鐵線

東門

大埔

吐露港

0km   30km

港湾として国際航路の集まる深圳塩田港。改革開放の流れを受けて1979年から開発のはじまった深圳では、当初、蛇口に港がおかれていたが、やがてより水深の深い大鵬湾が注目された。西の蛇口港とちょうど反対側に位置する、天然の良港であるこちら側(深圳東郊外)の塩田港の開発がはじまり、1989年に開港した(香港との合弁でつくられた)。塩田港は海岸線8212m、水深17.6mの大水深バース(船の停泊場所)をいくつも抱え、20万トン級の超大型船が寄港することができる。また塩田の海岸にそって、西は海山東三街から東は揹仔角にいたる全長19.5kmわたって塩田海浜桟道が続く。

東部華僑城／东部华侨城 ★☆☆

⑪ dōng bù huá qiáo chéng ⑫ dung¹ bou³ wa⁴ kiu⁴ sing⁴

とうぶかきょうじょう／ドンブウフゥアチアオチァアン／ドォンボオワァキィウセェン

深圳黎明期に華僑城(南山区)をつくったOCT華僑城集団

が、深圳東部の塩田区で投資開発して完成した東部華僑城。美しい山岳地帯、人と自然をくみあわせた「大侠谷生態楽園」、茶を主題とし、山茶花摘みフェスティバルも行なわれる「茶溪谷度假公園」はじめ、雲海谷体育公園、リゾートホテルなど、娯楽と休暇を楽しむテーマパークとなっている。

大梅沙海浜公園／大梅沙海滨公园 ★☆☆
㉿ dà méi shā hǎi bīn gōng yuán ㉿ daai³ mui⁴ sa¹ hói ban¹ gung¹ yun⁴
だいばいさかいひんこうえん／ダアアメイシャアハァイビィンゴンゴンユウエン／ダアイムイサアホォイバァンゴォンユウン

　三方を山に、一方を大鵬湾に面して広がる美しいビーチの大梅沙海浜公園。深圳の発展にあわせて20世紀末に開発され、その後、2020年に新たに整備された。1.1kmにわたって美しい砂浜が続き、休暇に訪れる人の姿が見える。

小梅沙海洋世界／小梅沙海洋世界 ★☆☆
㉿ xiǎo méi shā hǎi yáng shì jiè ㉿ síu mui⁴ sa¹ hói yeung⁴ sai² gaai²
しょうばいさかいようせかい／シャオメイシャアハァイヤァンシイジィエ／シィウムゥイサアホォイヨォンサァイガアイ

　水族館とリゾートホテル、商業施設が一体となった複合施設の小梅沙海洋世界。巨大な円筒型水槽とそこから回遊するように各水槽へとつながっていて、深海の生態系、ジンベイザメ、さまざまなかたちや色をもつクラゲなど、南海と世界各地に生息する魚類が飼育されている。美しい砂浜の続く小梅沙海浜のそばに、深圳黎明期からあった水族館が生まれ変わった。

玫瑰海岸／玫瑰海岸 ★☆☆
㉿ méi guī hǎi àn ㉿ mui⁴ gwai² hói ngon³
まいかいかいがん／メェイグゥイハァイアァン／ムゥイグワイホォインガァン

　大梅沙と小梅沙のさらに東、大鵬半島のつけ根部分に、東西に走る美しいビーチの玫瑰海岸。玫瑰とはバラを意味し、玫瑰海岸では長さ1500mの美しい砂浜が続き、澄んだ海水、天然のサンゴ礁、原生林などを目にすることができる。絵画

貨物船が停泊する深圳の港

東部華僑城は、丘陵を利用してつくられた

美しいヨーロッパのような景色が広がる東部華僑城

大梅沙から小梅沙、玫瑰海岸へと続いていく

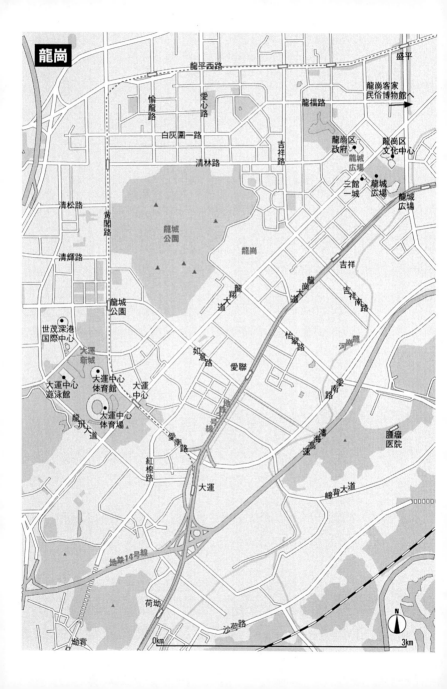

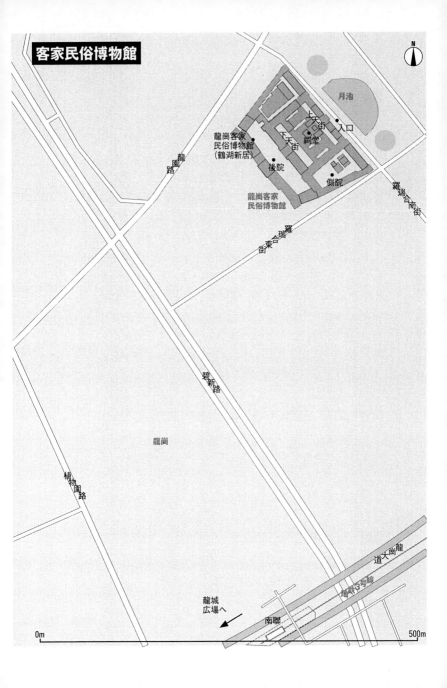

客家民俗博物館

N

月池

上天街 入口

龍崗客家
民俗博物館
(鶴湖新居)

祠堂

下天街

後院

側院

龍崗客家
民俗博物館

龍
園
路

羅
瑞
合
南
街

羅
瑞
合
東
街

碧
新
路

龍崗

植
物
園
路

龍
大
崗
道

地下鉄3号線

龍城
広場へ

南聯

0m   500m

のような美しさをもつこのビーチは、結婚式の舞台として
しばしば選ばれてきた。

龍崗／龙岗 ★☆☆
㊗ lóng gǎng ㊢ lung⁴ gong¹
りゅうこう／ロォンガアン／ロォンゴオン

　長らく深圳北東郊外を形成し、伝統的な客家の集落が点
在する地であった龍崗。1979年に開発のはじまった深圳で
は、経済特区(羅湖、福田、南山、塩田)の関内とは異なる関外にあ
たり、ほとんど手つかずののどかな景色が広がっていた。龍
崗には清朝初期の遷海令(1661～83年)以後にこの地に移住し
てきた客家の集落(圍屋)が100あまりあるといい、深圳原風
景とも言えるのが龍崗であった(深圳とは客家語で「深い溝」を意
味する)。こうしたなか、香港に隣接する深圳市街の発展が進
むと、より広い土地をもち、恵州、東莞の珠江東岸を結ぶ龍
崗の地の利が注目されるようになった。こうして龍崗の開
発がはじまり、深圳副都心にあたる龍崗中心区商圏が形成
され、産業、物流、金融の集積が進んでいる。

龍崗客家民俗博物館(鶴湖新居)／龙岗客家民俗博物馆 (鹤湖新居) ★★☆
㊗ lóng gǎng kè jiā mín sú bó wù guǎn ㊢ lung⁴ gong¹ haak² ga¹ man⁴ juk³ bok² mat³ gún
りゅうこうはっかみんぞくはくぶつかん(かくこしんきょ)／ロォンガアンカアジィアミィンシュウボオウウグゥアン／ロォ
ンゴオンハアッガアマンジョッボッマッグウン

　深圳北東郊外の龍崗区に位置し、清代から続く客家民居

★★☆
龍崗客家民俗博物館(鶴湖新居)／龙岗客家民俗博物馆 (鹤湖新居) ロォンガアンカアジィアミィ
ンシュウボオウウグゥアン／ロォンゴオンハアッガアマンジョッボッマッグウン
龍城広場／龙城广场 ロォンチャアングゥアンチャアン／ロォンセェングゥオンチャアン
世茂深港国際中心／世茂深港国际中心 シイマァオシェンガアングゥオジイチョオンシィン／サァイマァウサアム
ゴオングゥオッザイジオンサアム

★☆☆
龍崗／龙岗 ロォンガアン／ロォンゴオン
大運新城／大运新城 ダアユゥンシィンチャアン／ダアイワァンサアンセェン

の深圳龍崗客家民俗博物館(鶴湖新居)。古い時代、中原にいた客家の人びとは、戦乱から逃れるようにして南方に移住し、そのため、地元の人々から客人を意味する「客家」と呼ばれた。この龍崗客家民俗博物館は鶴湖新居といい、南宋(1127〜1279年)時代に福建省にいた客家の羅一族が、18世紀にこの地に移住してきて以来の伝統をもつ(当初、荒れ地だったが、開墾していった)。龍崗客家民俗博物館(鶴湖新居)は、1780年から羅瑞鳳が建てはじめ、3世代かけてその孫の代の1817年に完成した。前には月池がおかれ、周囲を厚い壁で囲まれたこの地方最大の客家方形城堡型の囲屋で、幅166m、奥行109mの規模をもち、囲屋の中心には羅一族の共通の祖先である洪徳公(南宋時代の進士)をまつる祠堂が立つ。三堂二横の府第式といい、これは3つのホールをもち、左右対称に建物が配置された建築という意味で、楼閣、庁、堂、房、中廊、院、天井などが風水をもとにならび、300を超す間が続く。1996年に龍崗客家民俗博物館(鶴湖新居)として開館し、客家の5回にわたる大規模な移動、羅一族の系譜や父系家族のありかた、客家の結婚の風習、羅一族が使用してきた家具や服飾品などを展示する。

客家とは

　客家(客人)とは地元の人たちから呼ばれた言葉で、すでにある土地にあとからやってきた人たちのことをいった。彼らの遠い先祖は中原にいたが、戦乱をさけて晋代(4世紀)から南下をはじめ、唐末から宋代に江西から福建に入り、その後も、広東や四川へと長期間かけて移住を続けた。福建省山奥部(閩西)、江西省東部、広東省東部の山深い地に、客家の多くが分布する。彼らの話す客家語は古い中原の言語を残し、また客家は北方系の面長の顔をしている。後発の移民であったため山がちの狭い土地に暮らし、共通の父系祖先をもついくつもの家族が集まって生活をともにし、宗族間の

団結心が強い。また勤労と倹約、教育を是とし、古くから客家女性は文字が読め、農業に従事してきた。海に近い深圳では、鄭成功の動きをふうじこめるため、清初に遷界令(1661〜83年)が出され、住民は内陸部へ強制移住させられ、深圳の大部分が荒野となった。そして遷界令解除後、人のいなくなっていた深圳に、江西省や福建省、広東省東部から客家を移住させる政策がとられ、潮州や恵州を経由して客家人が深圳で暮らすようになった。客家の集落は龍崗地区に集中していて、100もの客家の囲屋が残っており、そのほとんどが清朝乾隆年間(1735〜95年)、嘉慶年間(1796〜1820年)に建てられたものだという。

龍城広場／龙城广场★★☆

㉘ lóng chéng guǎng chǎng ㉗ lung⁴ sing⁴ gwóng cheung⁴
りゅうじょうひろば／ロンチャングゥアンチャアン／ロンセェングゥオンチャアン

深圳市龍崗区の中心部に位置し、龍崗のランドマークとも言える龍城広場。北は龍崗区政府、東は大劇院、音楽庁からなる龍崗区文化中心、西は科技館、青少年宮、公共芸術館、深圳書城龍崗城をあわせた三館一城(紅立方)が立つ。龍城広場は龍崗区政府の主導で1995〜97年に建設され、この街の政治、文化、科学、商業の中心地となっている。彫刻や噴水のおかれた広場には人びとが集まり、娯楽や余暇を楽しむ姿が見られる。

大運新城／大运新城★☆☆

㉘ dà yùn xīn chéng ㉗ daai³ wan³ san¹ sing⁴
だいうんしんじょう／ダアユゥンシィンチャアン／ダアイワンサアンセェン

龍崗中心部の西側、より深圳市街に近くに位置する開発区の大運新城。2011年に深圳で開かれた学生の国際競技大会(ユニバーシアード)のためにつくられた街区を基本にしており、当初は体育新城という名前だった。深圳の東部開発の流れとともに、この大運新城の重要度も注目され、学術、研究

開発、ビジネス拠点という性格を増していった。高さ700m
の世茂深港国際中心、6万人を収容する大運体育中心、香港
中文大学(深圳)、深圳北理莫斯科大学などが集まっている。

世茂深港国際中心／世茂深港国际中心★★☆

北 shì mào shēn gǎng guó jì zhōng xīn　広 sai² mau³ sam¹ góng gwok² jai¹ jung¹ sam¹

せもしんこうこくさいちゅうしん／シイマァオシェンガアングゥオジイチョンシィン／サァイマァウサアムゴオングゥオッザイジョオンサアム

　深圳龍崗区大運新城にあって、ひときわ高くそびえる140
階建て、高さ700mの世茂深港国際中心。不動産開発大手の
世茂集団によって建てられ、「深港」とは深圳と香港を意味
する。オフィス、高級ホテル、国際会議場、展示会場や文化
中心といった機能をかねそなえていて、AIによるコミュニ
ティ、スマートシティの試みなど、広い視野をもった投資が
行なわれている。粤港澳大湾の一体化とともに、深圳の新た
な副都心として期待される大運新城の象徴的建築となって
いる。

東江縦隊紀念館／东江纵队纪念馆★☆☆

北 dōng jiāng zòng duì jì niàn guǎn　広 dung¹ gong¹ jung² deui³ géi nim³ gún

とうこうじゅうたいきねんかん／ドォンジィアンゾォンドゥイジイニィエングゥアン／ドォンゴオンジョオンドォイゲエイニィムグウン

　日中戦争(1937〜45年)中に抗日作戦を実行した東江縦隊に
まつわる東江縦隊紀念館。坪山は東江縦隊が活動した場所
であり、深圳経済界、香港やマカオの有力者、海外の華僑に
よって東江縦隊紀念館がつくられた。戦前の日本との戦い
から香港九龍への進出まで、写真や文書などで展示されて
いる。

大万世居／大万世居★☆☆

北 dà wàn shì jū　広 daai³ maan³ sai³ geui¹

だいまんせいきょ／ダァアワァンシイジゥウ／ダアイマアンサァイゴオイ

　深圳北東郊外の坪山に残る客家圍龍屋の大万世居。曾氏
一族によるもので、清朝乾隆年間(1736〜95年)の1791年に建

てられた。曾一族は華北の武城から明の1403年に江西省、そこから福建省、広東省梅州というように移住を続け、清代に深圳へと遷ってきた。大万世居は、大規模な一辺127mの方形のプランをもち、門前には月形池塘が広がっている。内部は祠堂、中楼、後楼が中軸線上につらなり、祖先をまつる祠堂を中心に大小400あまりの部屋をもつ。外部への閉鎖性が高く、中庭に井戸がある客家建築の代表的な例にあげられる。

龍田世居／龙田世居★☆☆
(北) lóng tián shì jū (広) lung⁴ tin⁴ sai² geui¹
りゅうでんせいきょ／ロォンティエンシイジュウ／ロォンティンサァイゴォイ

　龍田世居は、深圳坪山のかつての田園地帯(田段心)に残る客家の囲龍屋。広東省東部の梅州から移住してきた黄一族の暮らすこの民居は、清朝道光年間の1837年に建てられ、多いときには160人もの住人が暮らしていた。前方には約16mの半円形の月池が広がり、その背後に西に40度ほどかたむいて幅65m、奥行73mの龍田世居が続く。中央の祠堂には黄一族の共通の祖先で、龍田世居創建者の奇緯公(黄氏大元公)がまつられていて、徳の高さで知られていたという。春の試験(科挙)に合格し、身を立てるという意味をもった「龍門得意登春榜、鳳詔新頒建立田」の対聯がかざられている。

深圳北郊外城市案内

Shen Zhen Bei Jiao Qu

深圳北郊外はこの街とほかの街を結ぶ紐帯点
明清時代以来の民居とIT企業のオフィス
多様な性格をもつ深圳ならでは新旧が出合う

深圳市野生動物園／深圳市野生动物园★☆☆

⓫ shēn zhèn shì yě shēng dòng wù yuán ⓬ sam¹ jan² si, ye, saang¹ dung³ mat³ yun⁴
しんせんしやせいどうぶつえん／シェンチェンシイエシェンドォンウウユゥエン／サアムザァンシイイエサアンドォンマッユゥン

　深圳市街の喧騒から離れた静かな西麗湖のほとりに位置
する深圳市野生動物園。亜熱帯の自然に抱かれた環境のな
か、アモイトラやアムールトラ、ライオン、キンシコウ、フラ
ミンゴ、マゼランペンギン、キリン、シマウマ、アジアゾウ、
ツル、サイといった、300種類以上の野生動物が生息してい
る。猛獣区や草食動物区などから構成されるが、深圳市野生
動物園では動物が放し飼いで飼育されていることを最大の
特徴とする。海の動物をあつかう海洋天地が見られるほか、
動物によるパフォーマンスも行なわれている。1993年に開
園した。

屋背嶺墓葬群／屋背岭墓葬群★☆☆

⓫ wū bèi lǐng mù zàng qún ⓬ uk¹ bui² ling, mou³ jong² kwan⁴
おくはいれいぼそうぐん／ウウベェイリィンムウザァンチュン／オッブゥイリィンモォウゾォンクゥァン

　深圳市街北側の屋背嶺のうち、南峰(高さ61.58m)と北峰
(61.17m)がつくる馬鞍状の56.24m地点で2001年に発見され
た古代の屋背嶺墓葬群。それらの墓は、殷代のものが13座、
春秋時代のものが3座、あわせて94の墓があり、石の斧、土器
などの生活用品、翡翠や青銅の槍といった武器から、陶器、

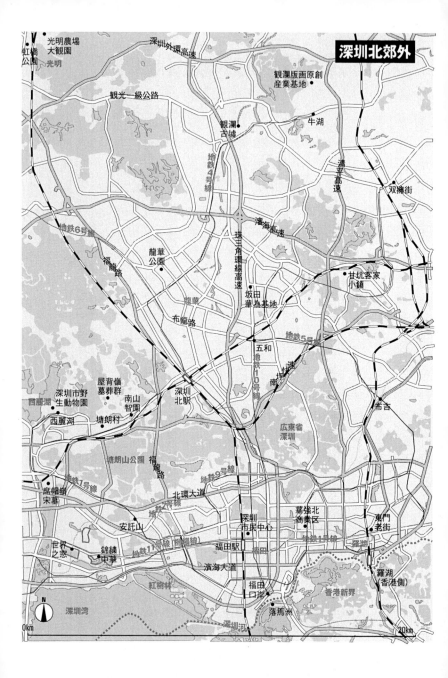

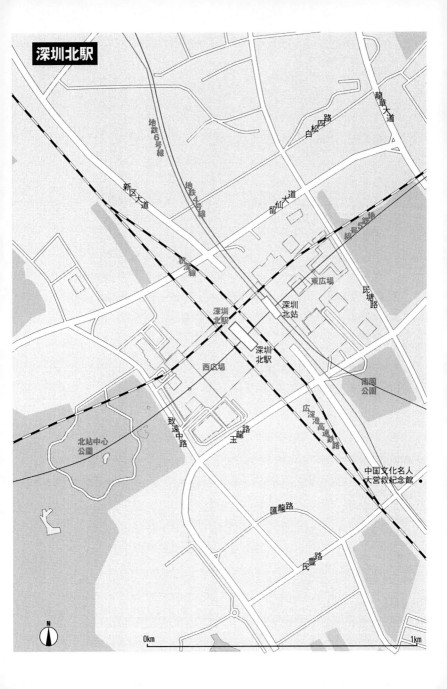

石器、青銅器などが出土した。これは華北や華中にくらべて古代史で不透明なところが多かった華南(珠江デルタ、香港、マカオ)の考古学的空白を埋めることになった。出土品は、南頭古城博物館に収蔵されている。

塘朗村／塘朗村 ★☆☆

㋐ táng lǎng cūn ㋛ tong⁴ long, chyun¹
とうろうむら／タァンラァンツゥン／トォンロォンチュウン

　深圳市街の北側に東西に伸びる塘朗山北麓に残る塘朗村。明代嘉靖年間(1521〜66年)につくられた塘朗老圍をはじまりとし、清代に重建され、深圳を代表する城中村のひとつとして知られてきた(かつては周囲に壁をめぐらせ、囲の字状に路地が続き、民居の集まる集落だった)。時代の遷り変わりとともに塘朗村も変貌し、あたりには高層建築が立ちならんでいる。こうしたなかでも塘朗村の北西隅には鄭氏宗祠、南西隅には全国でも数少ない女性の祖先をまつる清代の女祠が残っている。

深圳郊外と南山／「香港以前」をたどる旅

★☆☆
深圳市野生動物園／深圳市野生动物园 シェンチェンシイイエシェンドォンウウユゥエン／サアムザァンシイイエサアンドォンマッユゥン
屋背嶺墓葬群／屋背岭墓葬群 ウウベェイリィンムウザァンチュン／オッブウイリィンモォウゾォンクゥァン
塘朗村／塘朗村 タァンラァンツゥン／トォンロォンチュウン
南山智園／南山智园 ナァンシャアンチイユゥエン／ナアムサアンジィユゥン
席帽嶺宋墓／席帽岭宋墓 シイマァオリィンソォンムウ／ジッモォウリィンソォンモォウ
深圳北駅／深圳北站 シェンチェンベェイチャアン／サアムザァンバッザアム
坂田華為基地／坂田华为基地 バァンティエンフゥアウェイジイディイ／バアンティンファワァイゲエイデェイ
龍華公園／龙华公园 ロォンフゥアゴォンユゥエン／ロォンワァゴォンユゥン
虹橋公園／虹桥公园 ホォンチィアオゴォンユゥエン／ホォンキィウゴォンユゥン
光明農場大観園／光明农场大观园 グゥアンミィンノォンチャアンダアグゥアンユゥエン／グゥオンミィンノォンチャアンダアイグゥンユゥン
観瀾古墟／观澜古墟 グゥアンラァングウシュウ／グゥウンラアングウホォイ
観瀾版画原創産業基地／观澜版画原创产业基地 グゥアンラァンバァンフゥアユゥエンチャウアンチャンイエジイディイ／グゥウンラアンバアンワァユゥンチョオンチャンイッゲエイデェイ
甘坑客家小鎮／甘坑客家小镇 ガァンカァンカアジィアシィアオチェン／ガアムハアンハアッガアシィウザァン
深圳湾／深圳湾 シェンチェンワァン／サアムザァンワアン

南山智園／南山智园 ★☆☆
㊟ nán shān zhì yuán ㊐ naam⁴ saan¹ ji² yun⁴
なんざんちえん／ナァンシャアンチイユウエン／ナアムサアンジィユゥン

　深圳市街から少し離れた塘朗山の北麓、研究開発拠点、オフィス、ショッピングモールが集まる南山智園。ここからイノベーションを起こすべく、大学キャンパス、科技園区、居民社区からなり、好環境な都市のなかの都市となっている。近くには南方科技大学と深圳大学の麗湖校区が位置する。

席帽嶺宋墓／席帽岭宋墓 ★☆☆
㊟ xí mào lǐng sòng mù ㊐ jik³ mou³ ling, sung² mou³
せきぼうれいそうぼ／シイマァオリィンソォンムウ／ジッモォウリィンソォンモォウ

　席帽嶺南麓に残る宋(960〜1279年)代に深圳に移住してきた鄭帽庵をまつる席帽嶺宋墓。鄭帽庵は深圳の鄭一族の最初の移住者だと考えられていて、当時の墓陵建築の様式を今に伝えている。20世紀後半の文革時期に破壊をこうむったが、1994年にこの地の鄭一族が重修した。宋代の様式である墓前に建てられた華表が見られる。

深圳北駅／深圳北站 ★☆☆
㊟ shēn zhèn běi zhàn ㊐ sam¹ jan² bak¹ jaam³
しんせんきたえき／シェンチェンベイチャアン／サアムザァンバッザアム

　深圳北部の龍華区に位置し、この街と広東省の都市、また中国全土を結ぶ交通ハブとなっている深圳北駅。広深港高速鉄道と厦深鉄路がまじわる地点で、南は香港西九龍、北は広州南駅とつながっていて、深圳から中国全土へ路線は続いている(一方、中国全土から深圳を訪れる人にとっては深圳北駅は深圳の玄関口となっている)。2011年末、深圳北駅が正式に開業し、交通網が徐々にかたちづくられるなか、都市深圳の拡大もあって、交通ハブという性格に加え、市街地からそれほど遠くなく、羅湖駅、福田駅双方と結ばれているという点から、新たな副都心として開発される機運が高まった。ビジネス

機能、文化機能、また豊かな自然の深圳北駅中心公園も抱え、福田CBDとともに深圳中心部の「双星」としての役割が期待されている。

坂田華為基地／坂田华为基地 ★☆☆

北 bǎn tián huá wèi jī di　広 báan tin⁴ wa⁴ wai⁴ gei¹ dei³
ばんでんふぁーうえいきち／バァンティエンフゥアウェイジィディイ／バアンティンワァワァイゲエイデェイ

　深圳から出発し、情報通信機器で世界的な企業となった華為(ファーウェイ)の坂田華為基地。華為は人民解放軍を退役した任正非が1987年に創業し、インターネット、スマートフォンの広がりとともに、事業を拡大させた。研究開発に多くの割合をさく、特許やイノベーションの成果が多い、社員が株式をもつなどの特徴をもつ。坂田華為基地はこの華為の拠点で、研究開発、生産センターはじめ、社員と家族の暮らす高層マンション、病院、図書館、映画館、スポーツセンターまでを擁している。

龍華公園／龙华公园 ★☆☆

北 lóng huá gōng yuán　広 lung⁴ wa⁴ gung¹ yun⁴
りゅうかこうえん／ロォンフゥアゴォンユゥエン／ロォンファゴォンユゥン

　亜熱帯の花や植物が多く、緑豊かな公園の龍華公園。塔の上から龍華区一帯を一望できるほか、東江縦隊革命烈士紀念碑が立ち、周囲は市民の憩いの場となっている。

虹橋公園／虹桥公园 ★☆☆

北 hóng qiáo gōng yuán　広 hung⁴ kiu⁴ gung¹ yun⁴
ほんきょうこうえん／ホォンチィアオゴォンユゥエン／ホォンキィウゴォンユゥン

　深圳郊外(光明区)の虹橋公園から大頂嶺山林公園へと展開する緑豊かな一帯。虹橋公園は全長4km、大頂嶺緑道は全長6kmで、浮橋、探橋、懸橋という「網紅三橋」がかかる。真っ赤なリボンが続いていくような美しい景観が見える。

21世紀初頭、世界でもっとも変貌した街

香港西九龍との高速鉄路も走る深圳北駅

大手企業がオフィスを構える

深圳は亜熱帯の緑に包まれた公園都市

光明農場大観園／光明农场大观园★☆☆

北 guāng míng nóng chǎng dà guān yuán 広 gwong¹ ming⁴ nung⁴ cheung⁴ daai³ gun¹ yun⁴
こうめいのうじょうだいかんえん／グゥアンミィンノンチャアンダアグゥアンユゥエン／グゥオンミィンノンチャアンダアイグゥンユゥン

　巨大な牛のモニュメントが出迎え、農業とレジャーを主題とした光明農場大観園。広大な敷地をもつこのテーマパークでは、酪農、養蚕、果樹園、農業科学文化にまつわる体験ができる。敷地内に各種野菜やフルーツが栽培されている(現在、深圳の観光地となっている華僑城は、その前身を宝安県光明華僑畜牧場沙河分場といった)。

観瀾古墟／观澜古墟★☆☆

北 guān lán gǔ xū 広 gun¹ laan¹ gú heui¹
かんらんこきょ／グゥアンラァングゥシュウ／グゥンラアングゥホォイ

　清末から民国初期、20世紀初頭の街並みを残し、東門老街、沙井青平墟、沙頭角老街とともに深圳四大名墟にあげられた観瀾古墟(「墟」は市場のこと)。観瀾河のほとりのこの客家の街は、宝安(深圳)と恵陽、広東北部を結ぶ商業センターとして発展し、南方からくる外国製品と広東内陸部の商品が売買されていた。要塞機能を果たした15座の碉楼、100以上の民居、公益性をもったレストランの紅楼などが見られ、深圳内陸部に暮らす客家の社会や伝統、民俗模様を今に伝える。観瀾という名称は、清代に風水師が、この地のすぐれた風水に魅せられ、毎日、滔々と流れる河の水(波)を見ていたことに由来する(「観望波瀾」)。観瀾大街、買布街、新東街といった通りに商店がならび、かつては「小香港」とたたえられたという。

観瀾版画原創産業基地／观澜版画原创产业基地★☆☆

北 guān lán bǎn huà yuán chuàng chǎn yè jī dì 広 gun¹ laan⁴ báan wa³ yun⁴ chong² cháan yip³ gei³ dei³
かんらんはんがげんそうさんぎょうきち／グゥアンラァンバアンフゥアユゥエンチャゥアンチャンイエジイディイ／グゥンラアンバアンワァユゥンチョオンチャアンイッゲエイデイ

　深圳市龍華区の旧客家の村のあった地が、木版画を創作、

展示、研究、販売する拠点として生まれ変わった観瀾版画原創産業基地。深圳市龍華区観瀾街は版画家の陳延喬の出身地で、現在は国内外の版画家が集まって、中庭を中心としていくつもの房(工房)がならんで制作が行なわれている。東、西ふたつのエリアからなり、東区には版画工房、芸術村、西区は国際芸術家村となっている。

甘坑客家小鎮／甘坑客家小镇★☆☆

⑰ gān kēng kè jiā xiǎo zhèn ⑮ gam¹ haang¹ haak² ga¹ síu jan²
かんこうはっかしょうちん／ガァンカァンカアジィアシィアオチェン／ガアムハアンハアッガアシィウザァン

　深圳郊外の龍崗区に残る客家の集落を前身として、生まれ変わった甘坑客家小鎮。遷界令後の清朝乾隆年間(1735〜95年)に、梅州の謝氏(客家)がこの地に移住してきて、集落を築いた。甘坑とは「甘い水の流れる渓流のある場所」を意味し、この地は広東省宝安県の辺境にすぎなかった。そして長らく古い客家住宅がならぶ集落に過ぎなかったが、深圳市のプロジェクトの対象となり、2016年に大規模開発が完了して、深圳十大客家古村落のひとつにあげられるようになった。清朝末期の古砲楼、隣の建物と境界壁を共有する長屋建築、農作業をする客家女性がつける涼帽、南方の山芋などの食材で北方の餃子をつくった笋板など、清代以来、この地に受け継がれてきた客家文化を感じられる。

海上を越えていく、深圳湾跨海大橋

現代美術が展示された海上世界文化芸術中心

福田とともに深圳を牽引する南山区の摩天楼

改革開放から香港返還まで、鄧小平の活躍

香港深圳宿命の双子都市

深圳から分離した香港が繁栄をきわめ
香港を追うように深圳も発展した
そして両者の一体化は進み、双子都市の様相を見せる

珠江口の広東防衛線

　珠江デルタと華南の中心は、2000年のあいだ広東省の省都広州にあり、広州は北京や西安を都とする中国王朝にとって、外国人が一番最初にやってくる「中国南大門」にあたった。明清時代、広東省と広西省という華南のふたつ(両)の省を管轄したのが両広総督で、海防や外国との貿易を担当した(巡撫はひとつの省、総督は2～3省の地方長官だった)。珠江をさかのぼって交易のために広州に来る西欧商人には、その時期(季節)、広州での滞在場所(西関の沙面そば)も制限され、西欧商人は1557年以来、ポルトガルが獲得していたマカオに拠点をおいていた。これは裏返せば、中国(清朝)側が珠江を通って、外国人が自らの領域(広州)に入ってくることを嫌悪し、珠江河口部に要塞を築いて海防体制をととのえた(珠江と南海の接点となる内伶仃島、珠江の川幅が一気にせまくなる東莞虎門、広州外港の黄埔港というように、広州にいたるまでにいくつかの段階があった)。清代の1717年、広東巡撫の楊琳は、海の守りを強化するために126の砲台、城垣、砦などを整備したといい、新安県(深圳、香港)には九龍寨、大嶼山、南頭寨(南頭古城)、赤湾左(赤湾左砲台)、赤湾右(赤湾右砲台)など6つの防衛拠点が築かれたという。

香港の分離、九龍城

　インド産アヘンを中国に輸出して、中国茶輸入による赤字を相殺することで起こったイギリスと清朝によるアヘン戦争（1840〜42年）。この戦争は、（日本の鎖国時代の長崎の出島のように）広州一港に限定されていた体外窓口の広州と、広州へ続く珠江河口部を舞台に行なわれた。当時（1839年）、欽差大臣として広州に上陸した林則徐（1785〜1850年）は、アヘンをきびしくとり締まり、深圳北側の東莞虎門で、アヘンを焼却した。一方、イギリスは砲艦外交で応じてアヘン戦争に突入し、清朝が敗れて南京条約が締結された。当時、珠江河口部東岸は新安県（宝安県）の領土であったが、1842年、新安県の香港島がイギリスに割譲され、ここに深圳と香港が分離された。続いて1860年の北京条約で、香港島北側の九龍半島も、イギリスに割譲された。さらに1898年、現在の香港新界も99年間、イギリスが租借することになった。このあいだ、九龍半島をイギリスが獲得する直前の1847年に、九龍寨炮台を前身とする九龍寨城（九龍城）が完成しており、この城塞都市には深圳大鵬所城の副将が遷って、城内の衙門に駐在した。こうして、1898年に新界を獲得したあとも、九龍寨城（九龍城）は清朝の香港での出先機関という性格をもち、イギリスの権力のおよばない、「飛び地」「無法地帯」「魔窟」と恐れられた香港の九龍城が生まれた。

宝安県から珠江デルタへ

　広東省宝安県は、東晋の331年に行政府がおかれて以来、1500年にわたって深圳と香港を管轄してきた。1842年以降の条約で、イギリスに割譲された香港島と九龍半島と違って、香港新界は99年の租借（貸与）であり、水資源や防衛上の理由から香港新界なくして香港島と九龍半島は立ちゆかないため、租借の期限となる1997年7月1日に香港はイギリス

から中国へ返還されることになった。このときイギリスとの交渉にあたったのが、深圳生みの親でもある鄧小平（1904〜97年）であり、香港の発展、返還の日を念頭において、1979年に香港に隣接する宝安県に深圳経済特区がおかれた。鄧小平は香港返還の日を迎えることなく、生涯を終えたが、深圳を視察しては「（資本主義の要素をとり入れる）改革開放を加速させ、開発の速度をあげるよう」という講話（南巡講話）を発表した。この鄧小平の画像広場が蔡屋圍（深圳羅湖）にあって、観光地となっているほか、現在は香港と深圳を結ぶ口岸には、24時間開放されているものもあって、鉄路、海路（深圳湾跨海大橋）などでも両者の往来は絶えることがなく、香港と深圳の一体化が進んでいる。それはアヘン戦争（1840〜42年）で分裂した宝安県が、再びひとつになろうとしているようでもあり、南の香港から深圳、東莞へと続く珠江デルタ東岸部は「新・宝安県」とも言える様相を呈している。

『日本人のための広東語』(賴玉華著・郭文灝修訂/青木出版印刷公司)

『深圳再添新地标！深圳湾文化广场最新方案设计，预计2023年建成』(环球建筑)

『南海意库：一个文化创意产业园的坚持』(杨萍/经济观察网)

『深圳地标：城市向上生长的力量』(郭锐川/南方都市报)

『深圳当年地标建筑 遥忆1981年电子大厦楼高20层』(龙利安/深圳特区报)

『南园村：800年古韵流淌』(郑恺・窦羽欣・陈焕鑫/深圳商报)

『南山解元祠，都市展文遗』(澎湃新闻)

『寻根南山，留住乡愁！南山街道打造村史文化之旅』(王慧琼・罗立兰・陈凤岩/读特)

『传承300多年民俗，向南村村民喜庆深圳市非遗侯王诞』(曾贤平・郑进来/深圳晚报)

『深圳前海壹方城：一座"城"改变一座城』(陈昕辞/深圳新闻网)

『宝安发力打造湾区核心一流商圈』(贺靛婧/宝安日报)

『文氏大宗祠 记录民族英雄的忠肝义胆』(曾舒琪/宝安日报)

『沙井古迹深圳唯一的五开间祠堂——會氏大宗祠』(曾智熙)

『古民居见证红色火种在宝安"燎原"』(深圳商报数字报)

『潮起潮落：中英街记憶』(劉智鵬主編/和平圖書)

『深圳中英街警世钟再次敲响』(王星・刘淞菱/金台资讯)

『中英街警世钟的保护与修复』(历史千年)

『中英街历史博物馆：道百年沧桑 让警钟长鸣』(彭彩萍・张琳敏/深圳晚报)

『这些地名背后的故事你知道吗？』(吕薇/深圳都市报)

『到中英街古塔公园游玩正当时 仿宋园林建筑古韵飘香』(潘峰/深圳新闻网)

『大鹏所城：深圳人文历史之根』(林坤城・马骏德/人民网)

『大鹏所城粮仓改造设计』(蔡瑞定・陈景文・邱红霞・周雪梅・吴清山・元本体/深圳大学建筑设计研究院・元本体工作室)

『深圳市咸头岭挖出7000年历史文化』(深圳特区报)

『突击检查盐田海鲜街总体情况不错』(杜婷/深圳晚报)

『东渔村，天后庙』(马继远/深圳特区报)

『正月初四，光明虹桥公园・欢乐田园出行指南！』(邓红丽/深圳商报)

深圳政府在线移动门户 http://www.sz.gov.cn/

深圳市南山区人民政府 http://www.szns.gov.cn/

深圳盐田政府在线 http://www.yantian.gov.cn/

龙岗政府在线 http://www.lg.gov.cn/

大鹏新区政府在线 http://www.dpxq.gov.cn/

深圳湾科技发展有限公司 https://www.szbay.com/

深圳弘法寺 http://www.hongfasi.net/

东部华侨城官方网站欢迎您 http://www.octeast.com/

佐藤総合計画 https://www.axscom.co.jp/

OpenStreetMap

(C)OpenStreetMap contributors

まちごとパブリッシングの旅行ガイド

Machigoto INDIA , Machigoto ASIA , Machigoto CHINA

深圳郊外と南山／「香港以前」をたどる旅

見せよう! 蘇州で中国語

見せよう! 杭州で中国語

見せよう! デリーでヒンディー語

見せよう! タージマハルでヒンディー語

見せよう! 砂漠のラジャスタンでヒンディー語

自力旅游中国Tabisuru CHINA

001 バスに揺られて「自力で長城」

002 バスに揺られて「自力で石家荘」

003 バスに揺られて「自力で承徳」

004 船に揺られて「自力で普陀山」

005 バスに揺られて「自力で天台山」

006 バスに揺られて「自力で秦皇島」

007 バスに揺られて「自力で張家口」

008 バスに揺られて「自力で邯鄲」

009 バスに揺られて「自力で保定」

010 バスに揺られて「自力で清東陵」

011 バスに揺られて「自力で潮州」

012 バスに揺られて「自力で汕頭」

013 バスに揺られて「自力で温州」

014 バスに揺られて「自力で福州」

015 メトロに揺られて「自力で深圳」

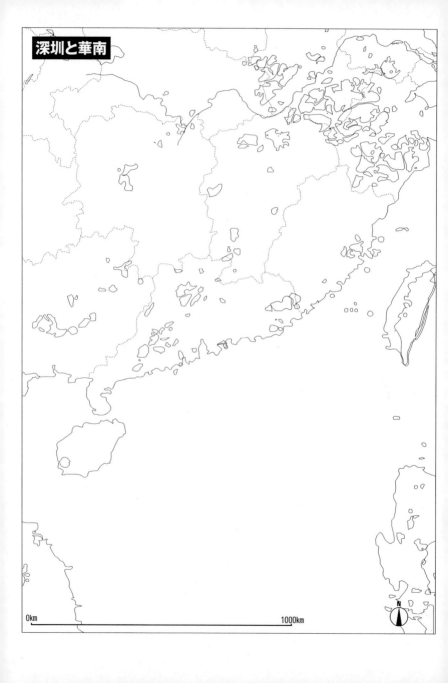

深圳と華南

0km   1000km

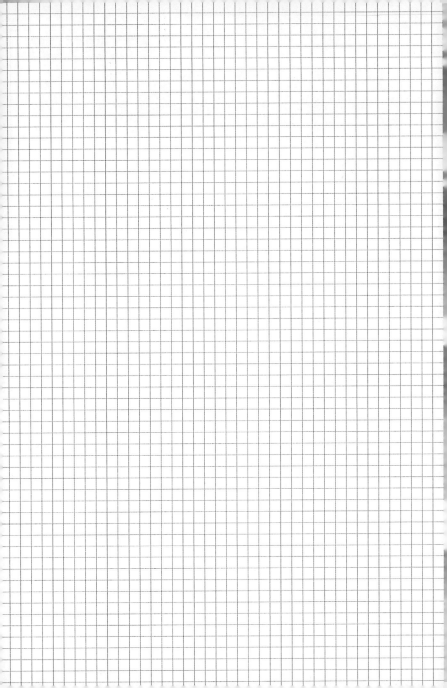

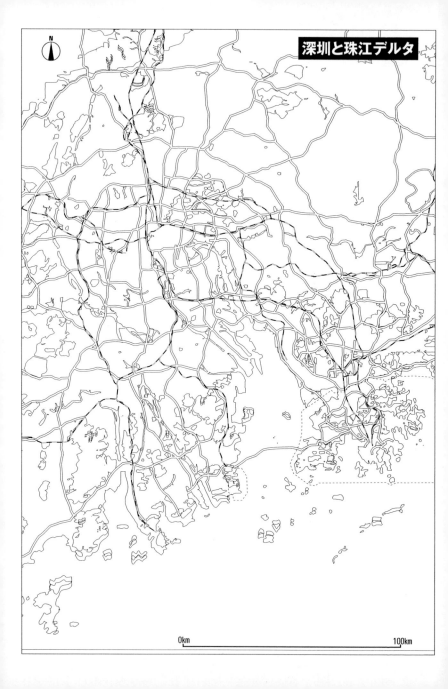

深圳と珠江デルタ

N

0km　　　　　　　　　　　　　　　　　　　　　　　　　　　100km

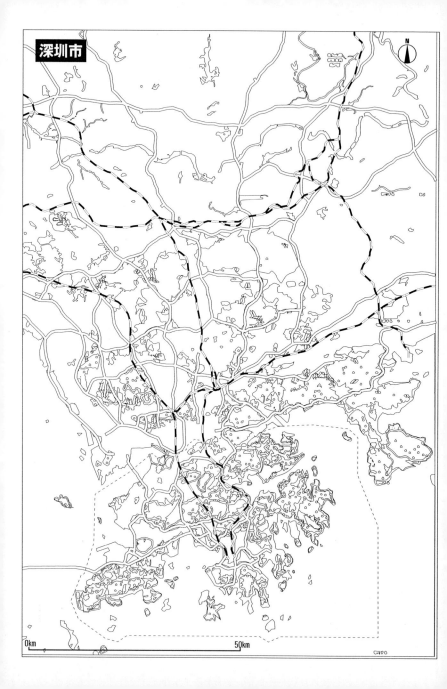

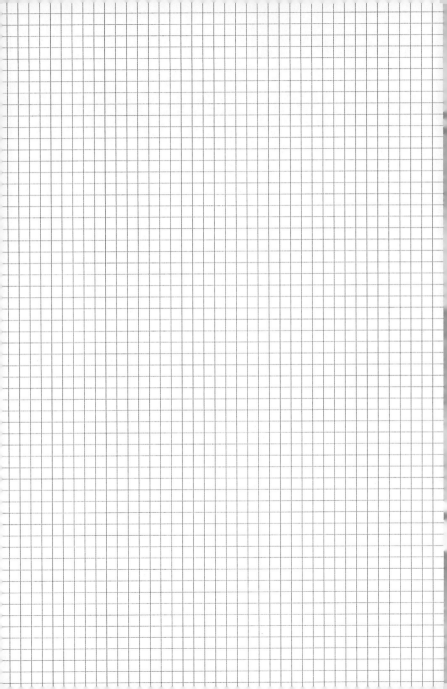

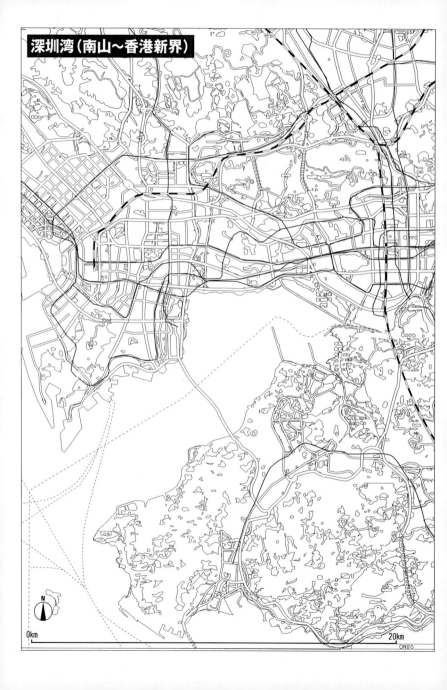

深圳湾（南山～香港新界）

N

0km　　　　　　　　　　　　　　　　　20km

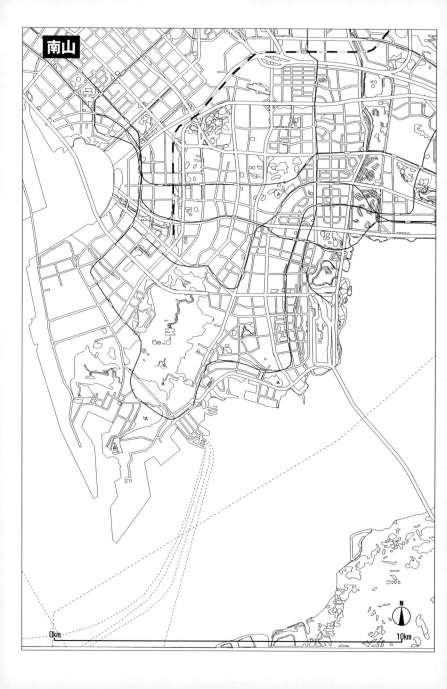

南山

0km   10km

N

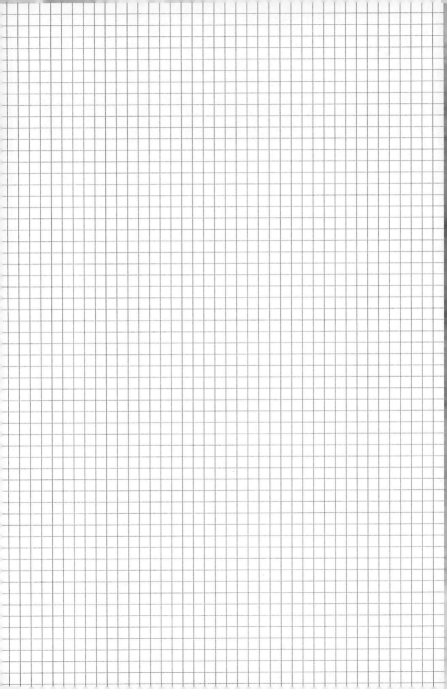

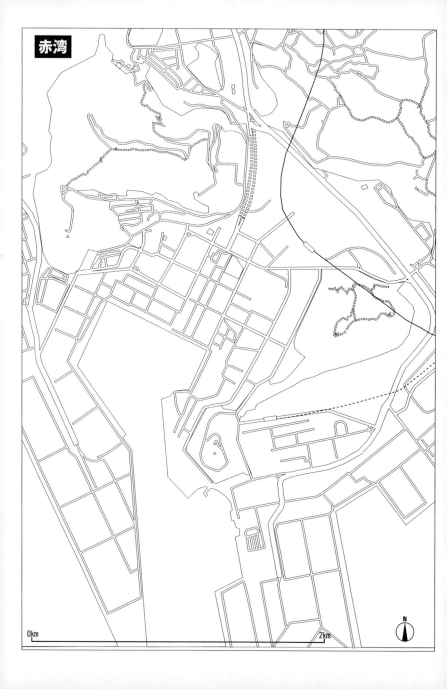

赤湾

0km 2km

N

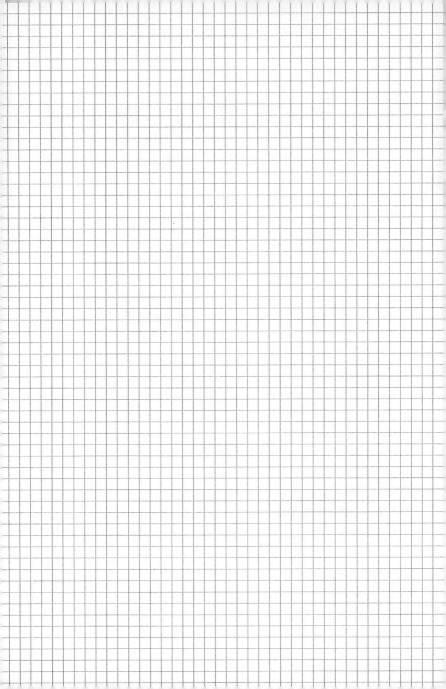

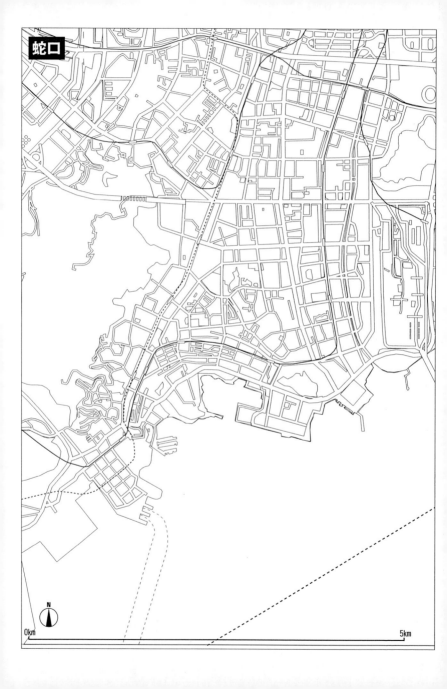

蛇口

N

0km 5km

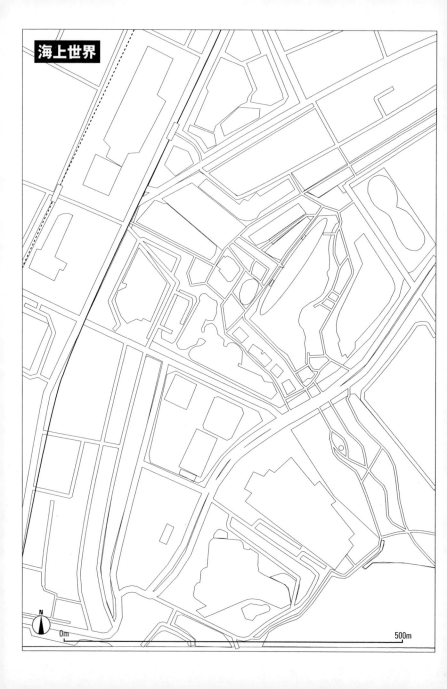

海上世界

N

0m

500m

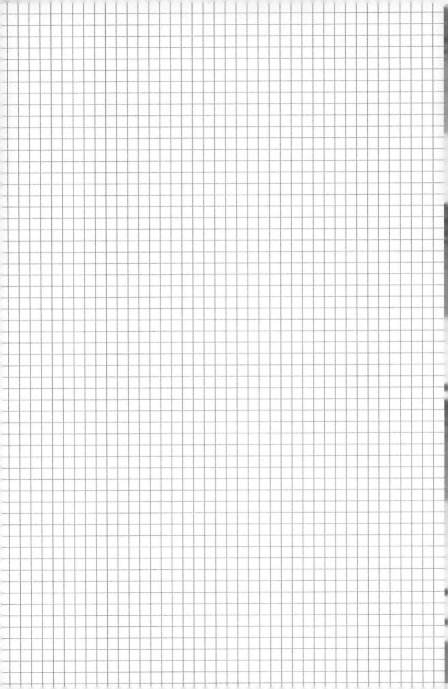

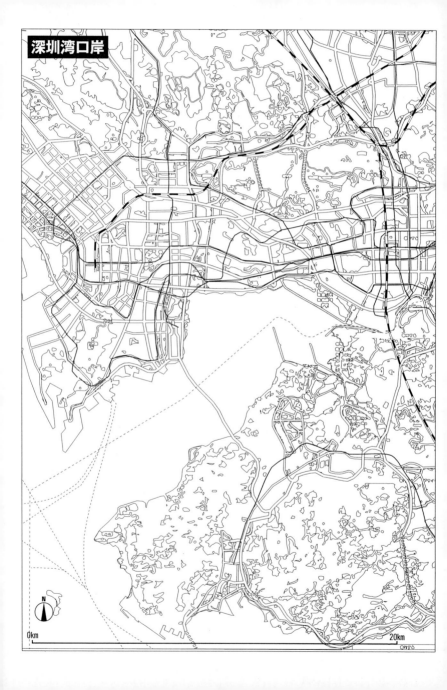

深圳湾口岸

N

0km   20km

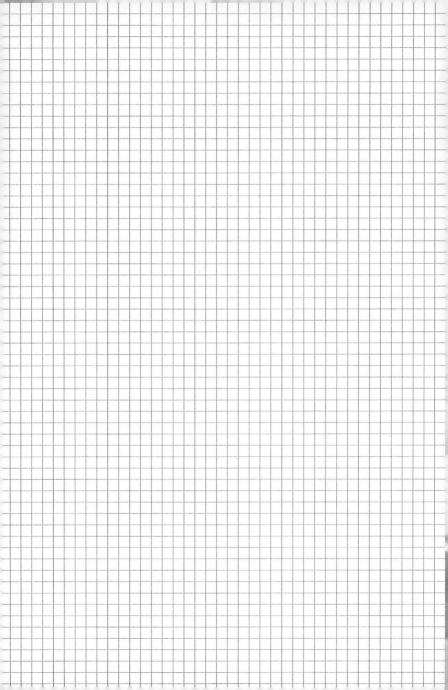

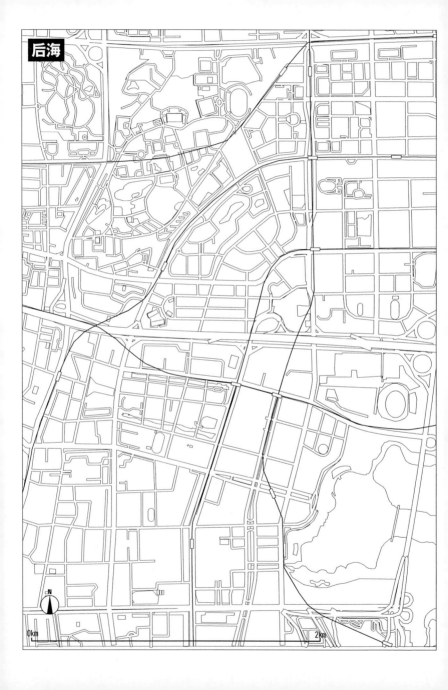

后海

N

0km   2km

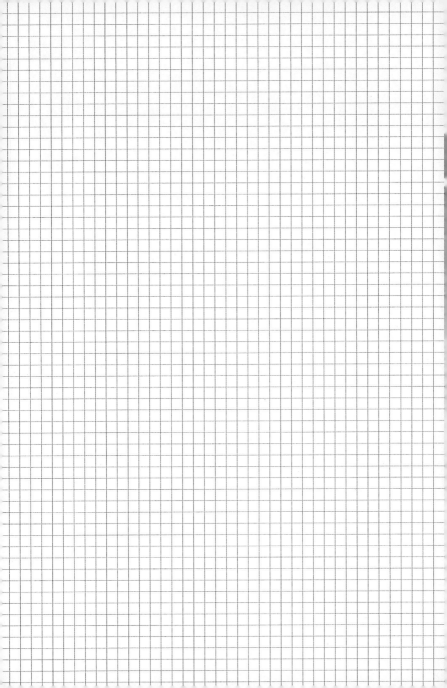

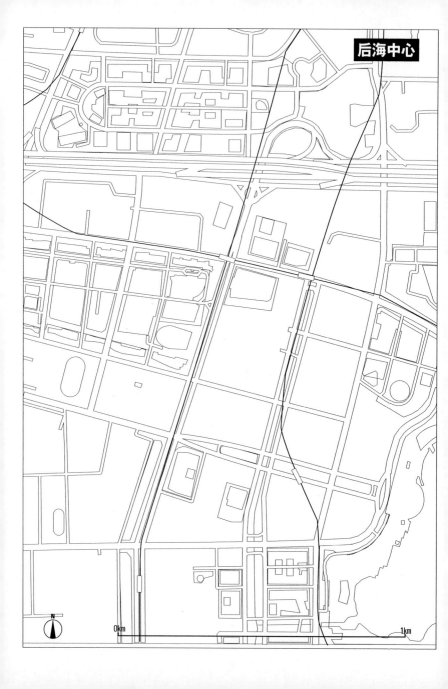

后海中心

0km　　　　　　　　　　　　　　　　1km

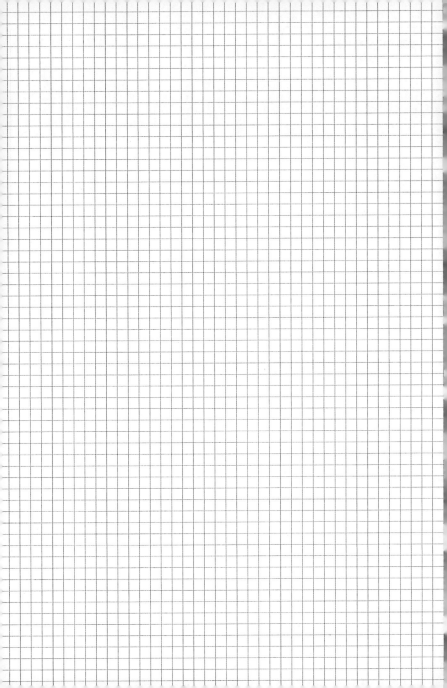

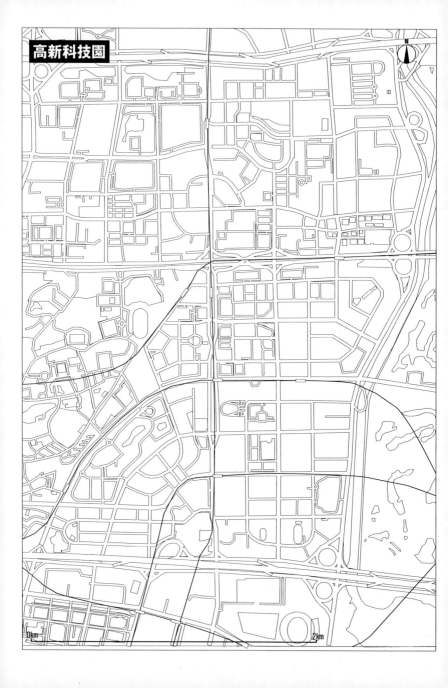

高新科技園

N

0km 2km

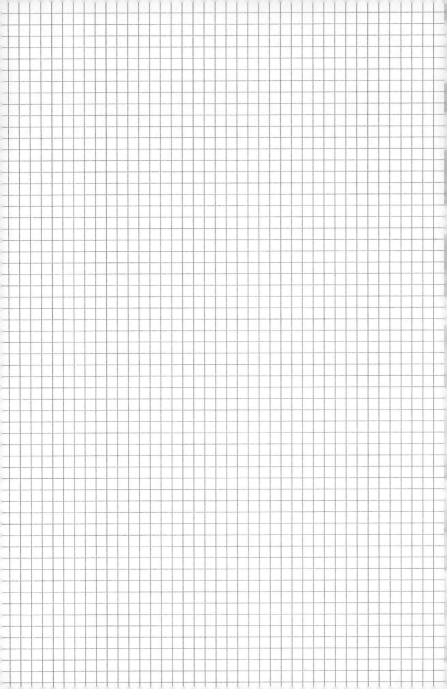

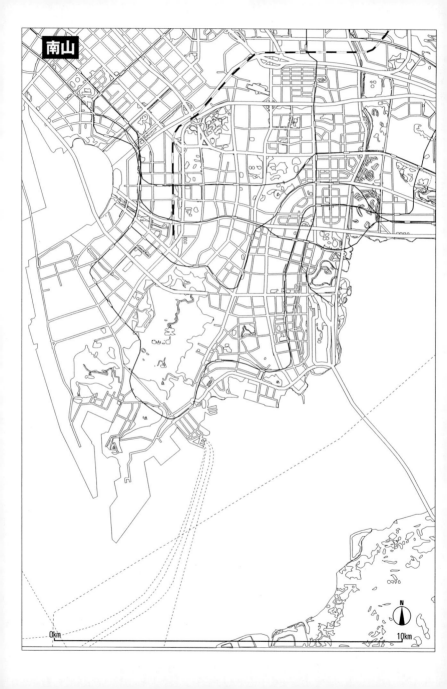

南山

0km   10km

N

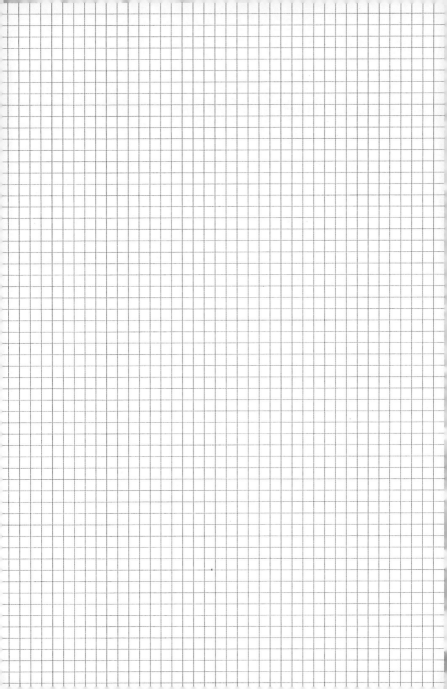

南山南園

N

0km   1km

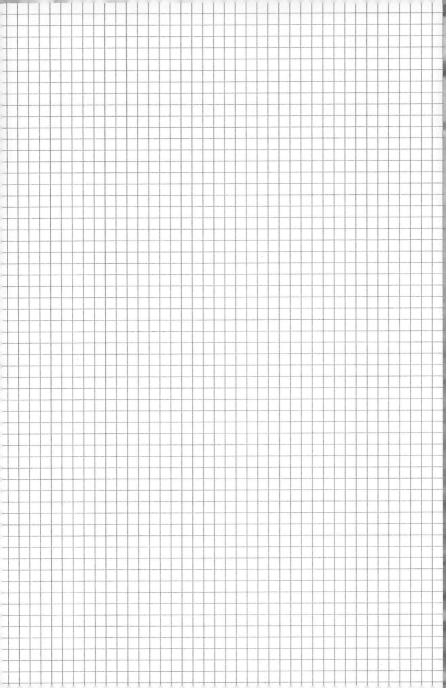

向南関口

0km   1km

N

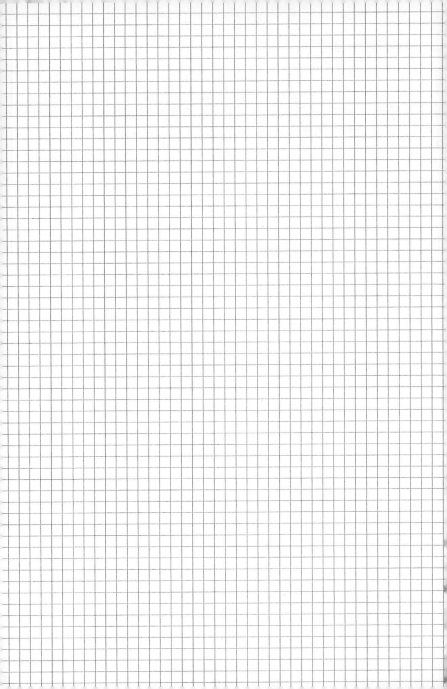

桃園〜南頭古城

N

0km   1km

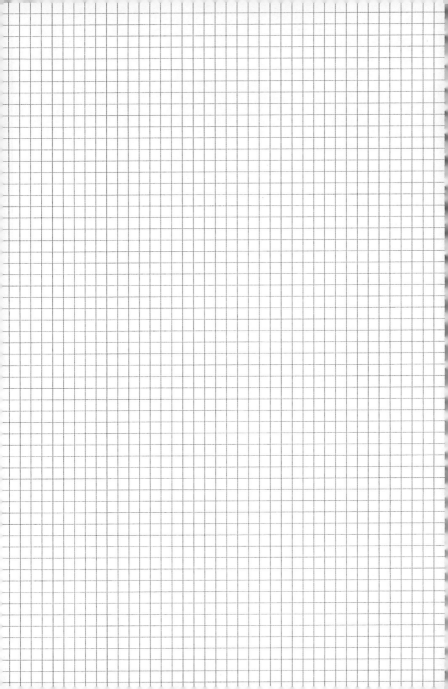

南頭古城

N

0m   500m

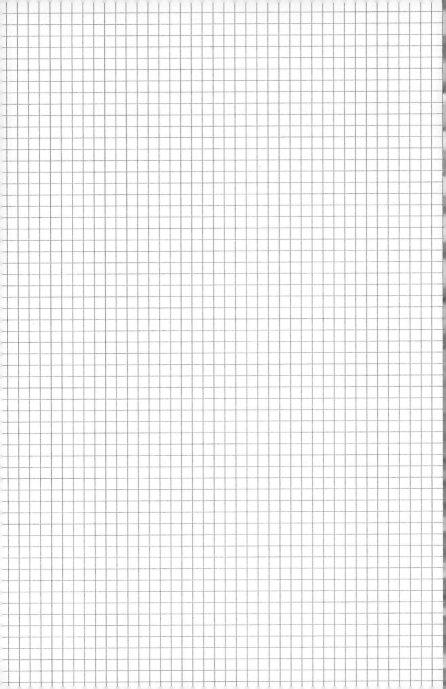

前海

N

0km

3km

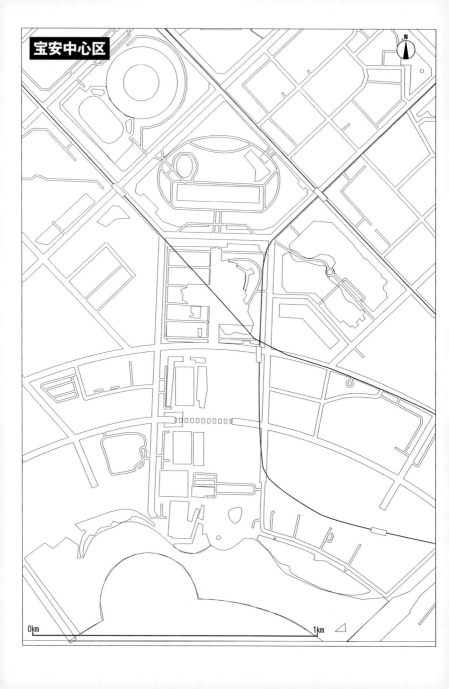

宝安中心区

N

0km   1km

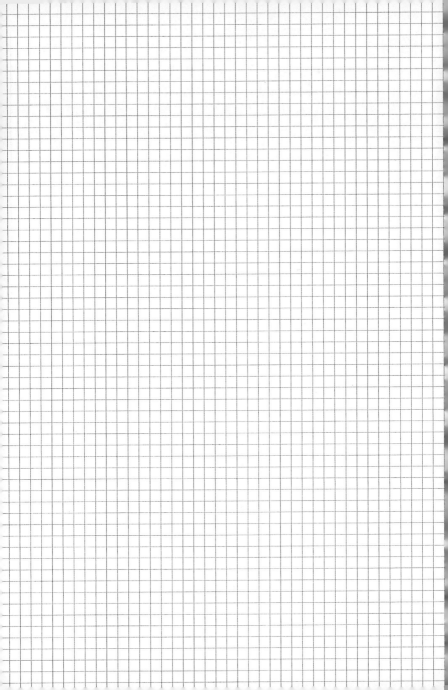

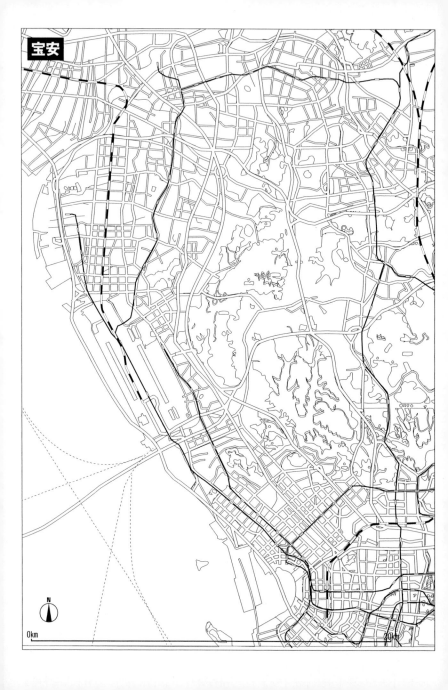

宝安

N

0km   20km

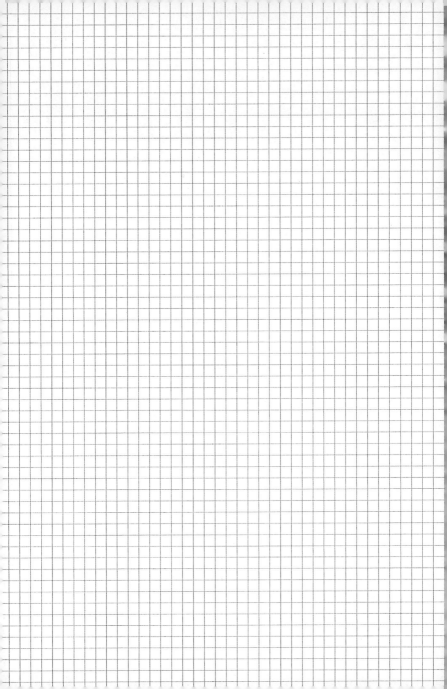

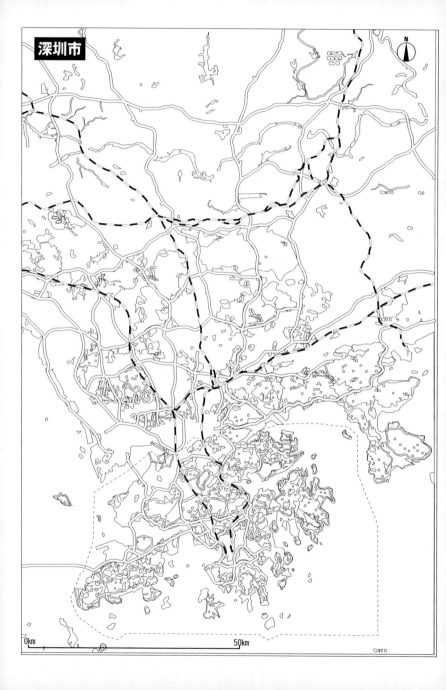

深圳市

N

0km   50km

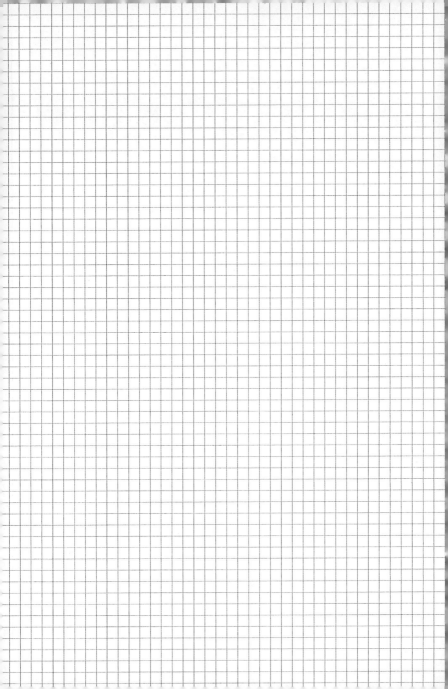

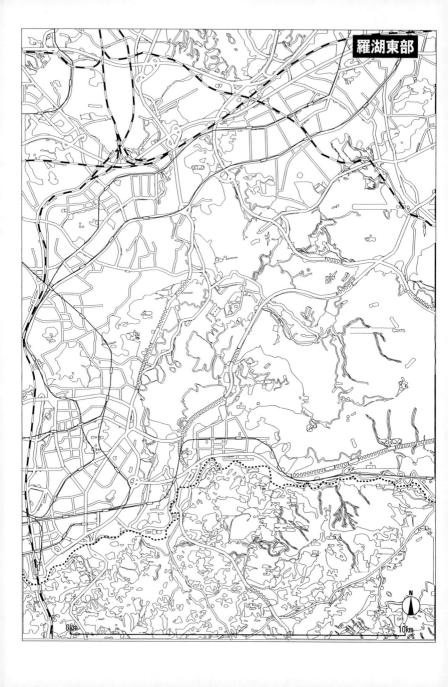

羅湖東部

0km　　　　　　　　　10km

大芬油画村

0m   500m

N

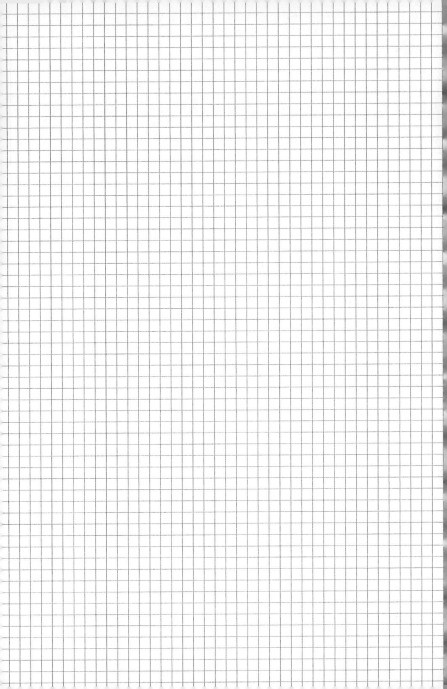

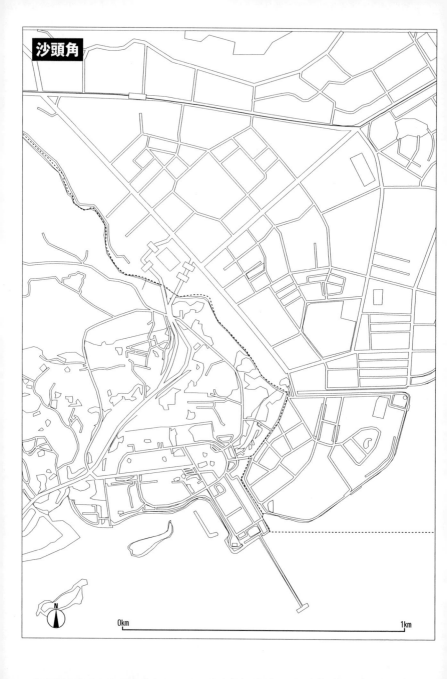

沙頭角

0km　　　　　　　　　　　　　　　　　　　　　　1km

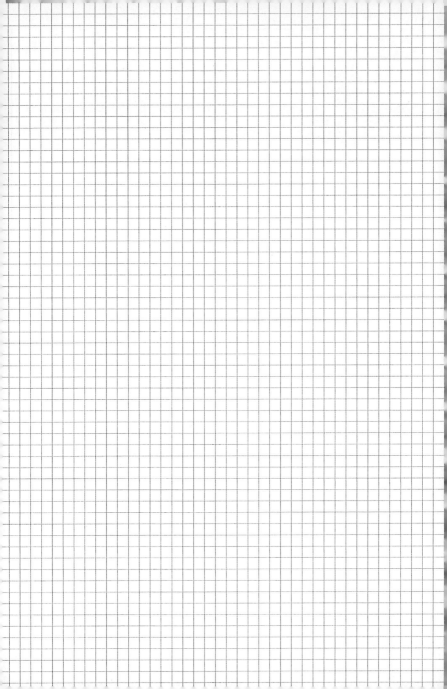

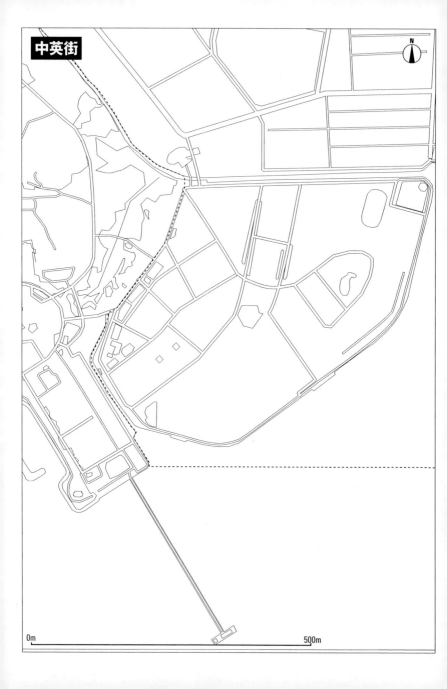
中英街
N
0m 500m

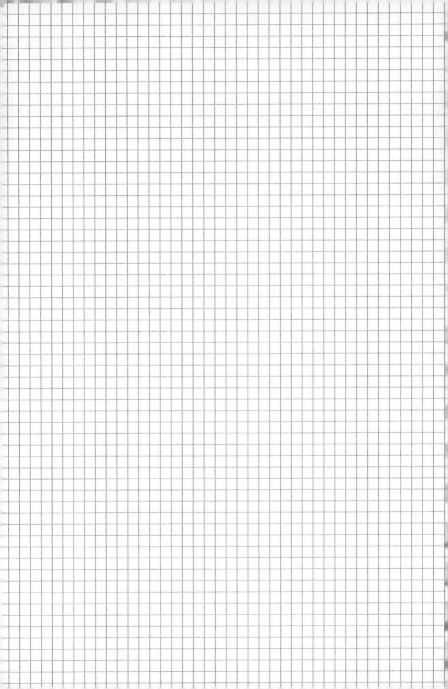

大鵬所城

N

0m　　　　　　　　　　　　　　　　300m

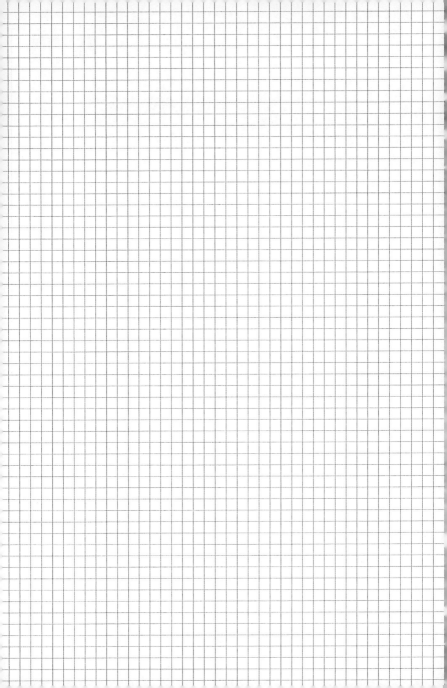

大鵬半島

0km   20km

N

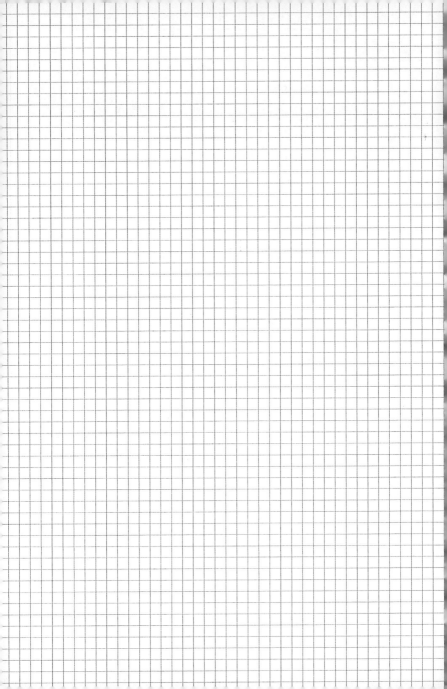

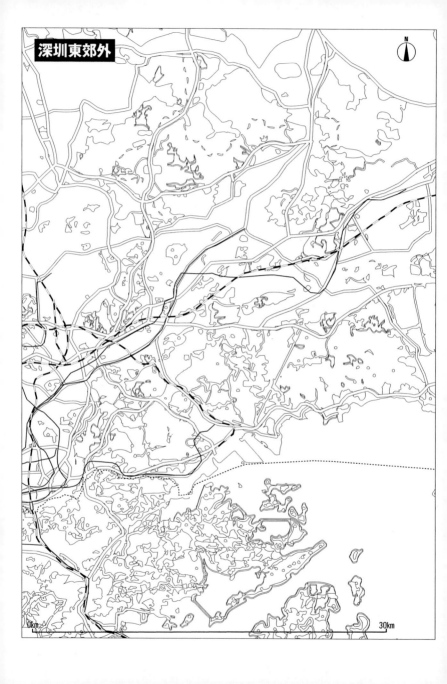

深圳東郊外

N

0km   30km

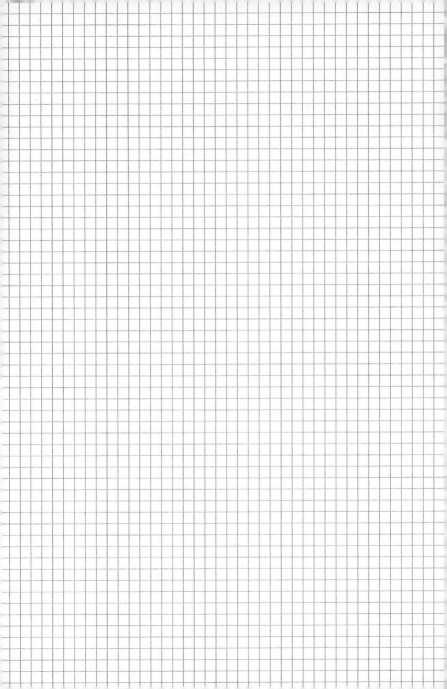

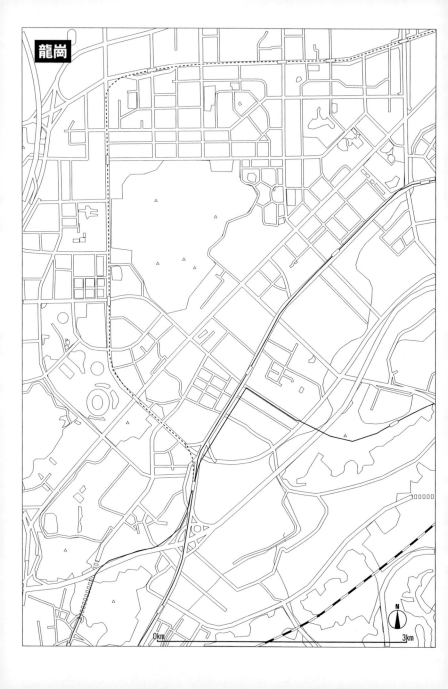

龍崗

0km   3km

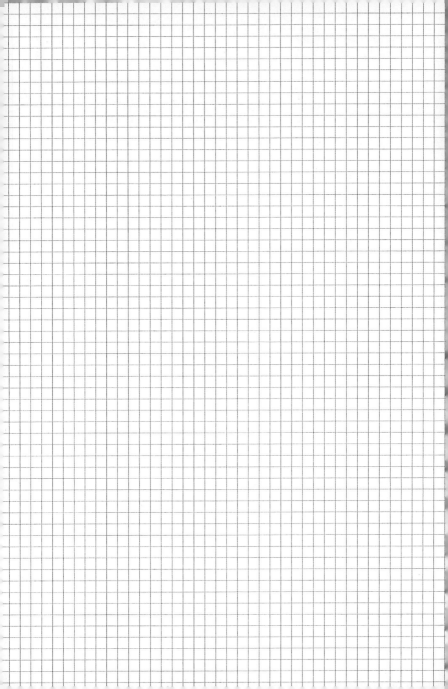

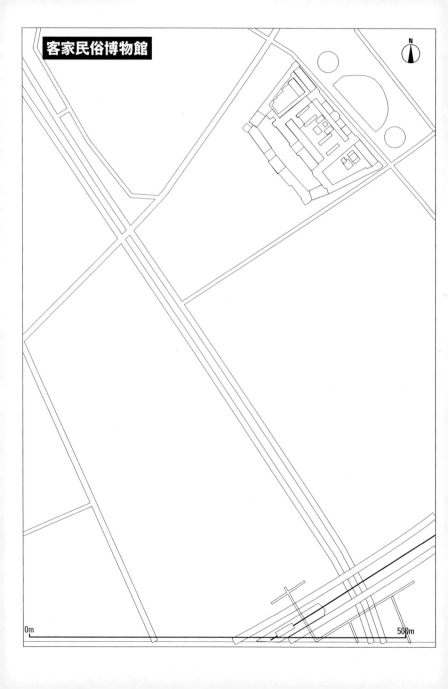

客家民俗博物館

N

0m   500m

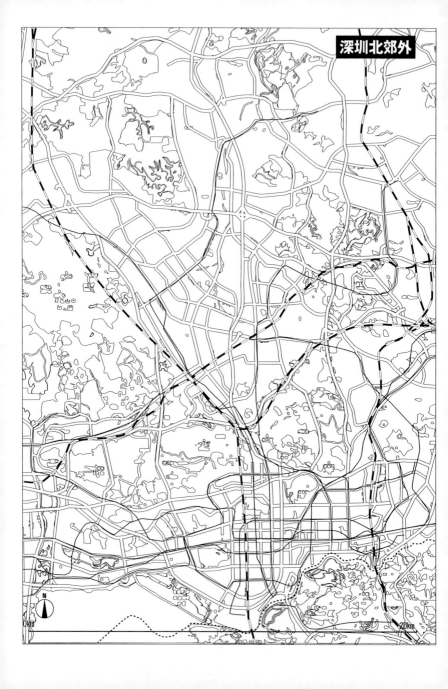

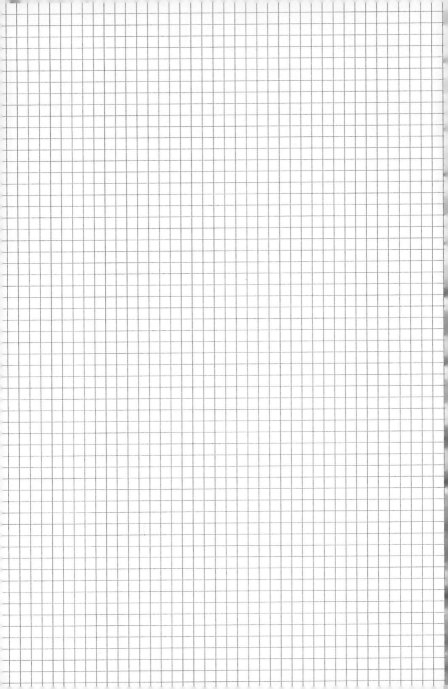

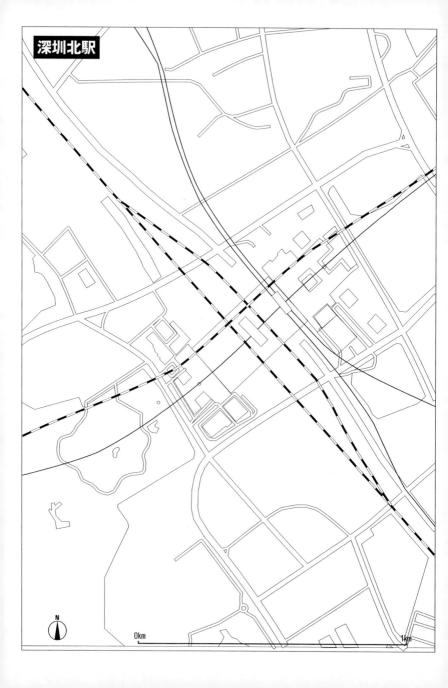

深圳北駅

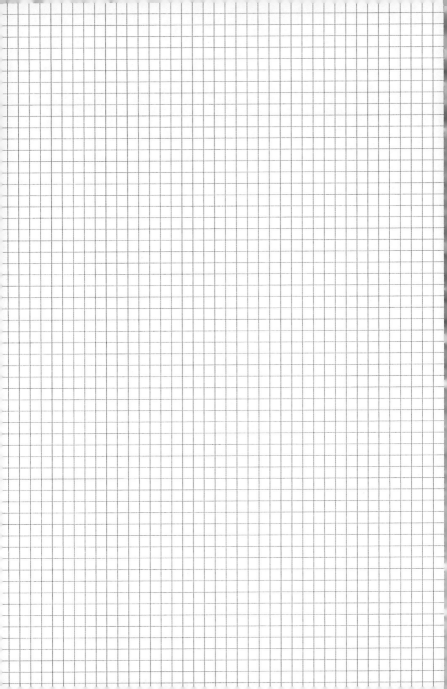

【車輪はつばさ】

南インドのアイラヴァテシュワラ寺院には
建築本体に車輪がついていて
寺院に乗った神さまが
人びとの想いを運ぶと言います

An amazing stone wheel of the Airavatesvara Temple
in the town of Darasuram, near Kumbakonam in the South India

まちごとチャイナ
広東省 015

深圳郊外と南山
「香港以前」をたどる旅
[モノクロノートブック版]

「アジア城市 (まち) 案内」制作委員会
まちごとパブリッシング
http://machigotopub.com

・本書はオンデマンド印刷で作成されています。
・本書の内容に関するご意見、お問い合わせは、発行元の
　まちごとパブリッシング info@machigotopub.com までお願いします。

まちごとチャイナ

［新版］広東省015深圳郊外と南山
〜「香港以前」をたどる旅

2022年 3月11日　発行

著　者	「アジア城市（まち）案内」制作委員会
発行者	赤松　耕次
発行所	まちごとパブリッシング株式会社
	〒181-0013　東京都三鷹市下連雀4-4-36
	URL http://www.machigotopub.com/
発売元	株式会社デジタルパブリッシングサービス
	〒162-0812　東京都新宿区西五軒町11-13
	清水ビル3F
印刷・製本	株式会社デジタルパブリッシングサービス
	URL http://www.d-pub.co.jp/

MP366

ISBN978-4-86143-524-9 C0326　　　Printed in Japan